今こそチャンス!

資産を増やす 米国株投資入門

岡元兵八郎

マネックス証券 チーフ・外国株コンサルタント 兼
マネックス・ユニバーシティ シニアフェロー

ビジネス社

はじめに

2020年は投資家だけでなく、世界中のすべての人たちにとって、想像もできないような大変かつ複雑な年となりました。

年明け早々から新型コロナウィルスが世界中に蔓延し、あらゆる国で株価が大暴落したことで、投資家は大変な試練を味わいました。

ところが秋口にかけては、世界中の注目が集まる米国大統領選挙が行われました。そのなかで、アメリカの株式市場は史上最高値を更新しました。

2020年11月3日に行われた大統領選挙では、事前に予想されたとおり、選挙の翌日に大統領が確定しない展開となりました。

本書は、トランプ大統領が再選するからとか、バイデン候補が新大統領になるから米国株に投資しましょうというように、目先の材料を見て米国株投資をお勧めする本ではありません。

皆さんの大事な資産形式の一部を、長期的な視点でじっくりと米国株投資をして資産を殖やす手助けをするための案内書です。

私は30年以上、外国株式に関係する仕事を通して、米国株の株価が上昇し続けてきたのを見てきました。そのうち過去6年間はセミナーなどを通じて、日本の個人投資家の皆さんに米国株投資の魅力を説く仕事をやってきました。そのセミナーの後、参加者の方から「米国の会社のことはよく分からない」、あるいは「米国株は割高だから買えない」というご意見を、よく頂戴しました。

本書のなかでも詳述しますが、実はアメリカ企業の製品やサービスは私たちの日々の生活に深く溶け込んでおり、それらがなければ私たちの生活はかなり不自由なものとなるでしょう。私たちがよく名前を聞いて知っている米国企業の株式に投資するだけでも、日本株のリターンをはるかに上回る投資結果を出せるのです。

また、「米国株は割高だから買えない」というご意見については、「それは単なる杞憂《きゆう》ですよ」とお答えしておきましょう。なぜなら米国株は上昇を続け、コロナ禍においても史上最高値を更新しているのですから……。

米国株が上がり続けている背景を理解せず、「割高だから買えない」と思った投資家は、この間、米国株投資で資産を大きく増やすチャンスをみすみす捨てたようなものです。

この本を手に取ってくださった皆さんのほとんどは、日本株投資をされてこられたと思います。米国株に投資するにあたってよく考えていただきたいのは、米国株市場と日本株市場とでは、大きな違いがあるという事実です。本書で詳しく触れますが、そういった違いを理解せずに、正しい投資判断を下すことはできないと思います。

さらに株式投資の将来性について考えた場合、私が日本株に抱いている懸念の1つは、「長期的に日本の個人投資家の数が減ってくるだろう」ということです。

この点については日本のメディアなどもあまり触れられていないようですが、長期的に日本の総人口が減っていけば、個人投資家の数も減らざるを得ないでしょう。その一方、米国はこれからも長期的に人口が増加する見込みなので、必然的に個人投資家の数も増えていくはずです。この事実も、日米両国の今後の株価形成に大きな影響を及ぼすものと考えられます。

私は株式投資をされている、あるいはこれから株式投資を始めてみようと考えておられる日本人の皆さんに、全体の資産の一部で結構ですから米国株に投資されることをお勧めします。皆さんのポートフォリオの一部に米国株を組み入れることによって、長期的に資産を増やしていただきたいと願っています。

この本は、なぜ米国株に投資すべきなのかということから、その投資法、銘柄の見つけ方まで、具体的にどうすれば良いのかを分かりやすく説明するように心がけました。この本をお読みになって米国株投資をしてみたいと思われたら、ぜひアクションをとってください。

この本が皆さんの長期的な資産形成のお役に立てることを願ってやみません。

第3章 ETFを活用すれば簡単にできる米国株投資

第4章 実際に投資をしてみよう

第5章 長期投資に適したポートフォリオの作り方

第6章 これから10年先まで持ち続けられる米国株21選

第1章

10年先が
イメージできる
投資をしよう

30年間で80か国と外国株の人生

30年間で80か国。これ、私が今までに訪れた国の数です。

なぜ、こんなにたくさんの国に行ったのかには理由があります。やはり長い間ずっとプロの職業として外国株に関わる仕事を行っていたことと、その間に芽生えた外国に対する個人的な興味が大きかったと思います。

「ソロモンブラザーズ」という米国の証券会社をご存じでしょうか。金融業界の再編で今は買収、合併などによって社名がなくなってしまったのですが、私が就職した１９８７年の頃は米国でもっとも有名な証券会社の１つでした。

なぜ米国の証券会社に就職しようと思ったのかというと、16歳の頃、交換留学生としてカナダと米国に1年ずつ滞在していたのが大きかったのだと思います。当時ＢＣＬというソニー製のスカイセンサーという短波ラジオ受信機で海外の短波放送を受信するのが若者の間で大流行しました。世界中のラジオ放送が簡単に聴けるインターネット・ラジオがある今では想像できないと思いますが、故郷宮崎で短波放送特有の雑音のなかで海外のラジオ放送を受信し、外国、特に英語圏の北米に対するあこがれが芽生えたのが海外へ行きたいと思ったきっかけです。

16歳といえばとても多感な、いろいろなことに影響されやすい年ごろです。16歳から18歳までの2年間を海外で暮らしているうちに、生活様式や物事の考え方など、さまざまな面で米国の影響を強く受けた私は、日本人のアイデンティティを失いそうになりました。米国のことはやたらと詳しくなったものの、「自分は一体どこの国の人間なのだろう」などと思うことが度々あったのです。

「このままでは中途半端なアイデンティティしか持てない人間になってしまう」と恐れるようになり、日本に戻ってきました。もっと日本について知らなければならないと考えて、日本の大学に通うようになりました。そうはいっても多感な時期に体験した米国への憧れのような気持ちもあって、たまたま縁のあった米国の証券会社へ就職をしようと考えるようになりました。当時はまだまだ外資系企業に対する偏見というか、誤解のようなものが多く、就職できてもあっと言う間にクビになる不安定な会社というイメージが付きまとっていました。そんな時期に、ソロモンブラザーズという米国の証券会社の門を叩いたのです。

なぜ証券会社に就職しようと思ったのかにも理由があります。それは学生時代から株式投資をしていたこともあります。

最初に投資したのはイギリスのブリティッシュ・テレコム（BT）の株式でした。日本のNTTみたいな会社です。

当時のイギリスはサッチャー首相のもと、規制緩和や国営企業の民営化がどんどん進められていました。その流れのなかでBTが民営化され、株式が上場されたのです。そのことを新聞などで読んでいた私は、ちょっと面白そうだと思い、とりあえず証券会社に口座を開いて、BTの株式を買いました。1984年12月のことでした。

最初の株式投資が大失敗に終わったら、恐らく私は株式投資に興味を持つこともなく、したがって証券会社に就職しようなどとは考えなかったかもしれません。しかし、この投資は典型的なビギナーズラックもあり、短期間の間にかなり株価が上昇し、株式投資はなんて簡単なんだと思い込んだ記憶があります。その後、私が株式投資で為替のリスクを恐れなくなったのは、最初の株式投資が外国株だったこの時の経験からきているのだと思います。

加えて私が学生時代に寝泊まりした大学の寮の近くには当時、米国の3大ネットワークテレビの1つであるNBC放送の報道部門のアジア総支局というのがありました。歴代の寮生がアルバイトをすることになっていました。スタッフのためにコーヒーを作ったり、コピーを取ったり、日本語のニュースの翻訳をしたり、通訳をしたりの何でも屋のアルバイトです。

私はそこで誰よりも長く4年間働いたこともあり、アルバイトというものの、職場ではいろいろな仕事を任せてもらえました。米国本土から派遣されていたアメリカ人のプロフェッショナルの特派員たちからも信用され、個人的にも大変仲良くなり仕事は楽しく、この仕事を一生続けようかとも思った時期もあったほどです。

テレビの報道はニュースのネタを探してきて、それをテレビというメディアを通して、情報を提供するという情報産業です。いろいろと悩んだ挙句最終的な判断は、同じ情報を使うのであれば、その情報を使ってメークマネーするという金融の世界のほうが面白そうに思え、証券会社の就職に興味を持ちました。

こうして16歳からの北米での学生生活を送り、学生時代に米国企業で4年間アルバイトをしたこと、株式投資で投資の面白さを知ったといういくつかの事実が重なり合い、米国の証券会社に入社することになったのです。

さてソロモンブラザーズに入社したのが１９８７年のことです。日本はバブル経済の真只中でしたが、この年の10月、米国では「ブラックマンデー」という歴史的な株価暴落がありました。ちょうどこの頃、英国のブリティッシュ・ペトロリアム（ＢＰ）のブロック・トレードがあり、ソロモンブラザーズやゴールドマンサックスなど米国の証券会社はＢＰ株を放出しようとした英国政府に対し売値を保証していたのです。しかしブラックマンデーで株式市場が暴落するなかＢＰ株も大きく下落、その結果、引受証券会社は莫大な損失を被ることになりました。

私はニューヨークで新人研修の真最中でした。実はその時、日本から来ていた同期の一人が、後にマネックス証券を設立した松本大会長です。

まったくタイミングが悪いもので毎日、株価は急落を続け、ＢＰ株のブロックトレードの損失で証券会社の業績はどんどん悪くなっていきました。その結果、会社のアメリカ人の先輩たちが次々、首を切られていったのです。

研修トレーナーからは「トレーディング・フロアには行かないように」と強く言われました。トレーディング・フロアとは株式を売買しているトレーダーと呼ばれる人たちがいる部屋のことです。株価は暴落するわ、自分たちの首も危ないわで、そこにいるほぼ全員のイライラが最高潮に達していたからです。

とはいえ、ソロモンブラザーズはブラックマンデーで倒産することもなく、何とかこの難局を無事に乗り越えました。ニューヨークでの研修を終えた後、1年ほど日本に帰国しましたが、翌年再度ウォール街へ渡り、5年間をニューヨーク本社に勤務することになりました。

しかし、ブラックマンデーを乗り越えたソロモンブラザーズを再び危機が襲いました。

1991年、米国国債の入札に関連して不正行為を行ったことが発覚し、プライマリ・ディーラーという米国国債の入札に際して特別の優遇措置が受けられる立場を失うだけでなく、顧客からの信用も失ってしまいました。この時、ソロモンブラザーズの経営立て直しを委ねられたのが、恐らく投資に興味のある人で知らない人はいないと思うのですが、かのウォーレン・バフェットだったのです。

ちょっと話はわき道にそれますが、バフェット氏がニューヨークのソロモンブラザーズで働いていた時、一度だけ彼とエレベーターで２人だけの時間を過ごしたことがあります。乗ったエレベーターがたまたま同じだったというだけのことです。それでも40階のオフィスに到着するまで同じエレベーターの同じ空気を吸っていたのが、今ではちょっとした自慢でもあります。

こうして5年間をニューヨークのマンハッタンで生活した後、日本に帰国しました。その頃から欧州株式、アジア株式、その他のエマージング市場の株式など徐々に担当する市場を拡大しながら、日本の機関投資家にセールスする仕事に携わりました。

この間、ソロモンブラザーズは１９９７年にバフェット氏の仲介もありトラベラーズグループに買収され、トラベラーズ傘下のスミスバーニー、そして日本では日興証券と合併してソロモン・スミスバーニーになった後、トラベラーズグループはシティコープと合併し、シティグループとなりました。日本では日興シティグループと変わり、現在はシティグループ証券を名乗っています。

こうした変遷のなかで、私自身は外国株式関連事業を扱う部門のトップに就き、最終的にはエマージング市場よりもさらに若いフロンティア市場までウォッチするようになりました。私が同社を退社する時には、日本の機関投資家のために全部で54か国の株式市場の取引に関わる業務に携わっていました。これは恐らく当時の日本にある証券会社のなかでもっとも幅広いマーケットのカバレッジだと思います。そして、この仕事を通じて実際に新しい国々の証券取引所などにも足を運ぶようになったことに加え、個人的にもいろいろな国々に興味を持ち30年間で80か国を訪問することになったのです。

また、これも余談ですが、世界中の証券取引所を回るなかでささやかな趣味を持つようになりました。それは、外国の証券取引所に上場されている企業の株式の本券（株券）を入手することです。

日本の場合、株券はすべて電子化されているので実際にそれを手にすることはできませんが、海外ではまだ株券が存在しており、米国などではそれを収集するコレクターもいます。

もちろんコレクションですから現在、証券取引所に注文を出して買えるような銘柄の株券ではダメで、もう株式市場で取引されていないような銘柄の株券が対象になります。たとえばフランスやイギリスが昔、植民地化していたアフリカでビジネスを行っていたフランス企業やイギリス企業の株券や、直近だとITバブルの崩壊で破綻したワールドコム、不正会計事件で2001年に破綻したエンロン、あるいはリーマンショックの元凶となったリーマンブラザーズ、歴史を感じさせる企業の株券、あるいは大きな経済事件に関わった企業の株券などがコレクターの間で流通しているのです。

さて、こうしたレアな株券は、時としてコレクターの間では高値で売買されることがあるもののﾞ、収益を生み出し続ける「資産」にはなり得ません。リーマンブラザーズはもう存在しない証券会社であり、その株券が高値で取引されたとしても、その値段に実体はないのです。

本書を手にしてくださった皆さんにとって本当に必要なのは、未来にわたって収益を生み出し続けてくれる企業の株式をコレクションすることです。

「年金財政が危ない」とか、「老後に必要なお金は２０００万円」といった情報で不安な気持ちになっている人も少なくないと思いますが、未来にわたって収益を生み出し続けてくれる企業の株式を、正しい方法でコレクションすれば、老後のお金の心配は、その大半が解決するはずです。お金がすべてではないものの、ないよりもあったほうが良いと思うのは、私だけではないはずです。

日本はいい国だけれども……

さて、それでは株式に投資してみましょう。でも、恐らくこれまで株式投資の経験がない人は、どの企業に投資すれば良いのかという点で迷ってしまうと思います。

また、すでに株式投資をしている人でも、恐らく東京証券取引所に上場されている３７３２銘柄（２０２０年10月30日現在）から選ぼうとするでしょう。そして株式投資未経験の人たちは、株式投資の先輩たちが皆、日本企業の株式に投資しているのを見て、同じ投資行動を取ろうとします。

書店に並んでいる株式投資関連の書籍を見ても、大半は日本株を投資対象とする前提で書かれていますから、「株式投資=日本株投資」と刷り込まれるのは当然です。日本人投資家の大半は、その固定観念から抜け出せずにいます。

前述したように、私はプライベートと仕事の両方で、あわせて80の国々を見て回りました。仕事の場合、その国の企業訪問や市場調査のようなものですが、私の場合はプライベートで外国を訪問する時も必ずと言っていいほど証券取引所がある国を選び、上場企業を訪問することも行っています。その際、常に強く意識しているのは、「その国の将来がどうなるのか」という視点でその国を見ることです。当然、将来の成長が期待できる国であれば、株式市場もどこかで活況になるでしょう。そういう国の株式市場に上場されている企業の株式に長期的に投資をすれば、高いリターンが期待できます。

海外を訪問して日本に戻ると、気づくことがあります。日本は非常に素晴らしい国だということです。

ちょっと目を離した隙に手荷物を持ち去られるようなことはありませんし、殺人事件のような重犯罪に巻き込まれるリスクは非常に低い。街のどこを歩いても清潔さが保たれているし、街を歩いている人たちの服装も、とても綺麗です。一目で経済的に豊かな国であることは分かるのですが、他の多くの国々に比べると、どことなく元気がないように思えるのです。

これもあくまで私の印象論ですが、私が社会人になった1980年代の日本は、もっと活気があったはずです。日本企業が米国の象徴であるニューヨークのロックフェラービルや、コロンビア映画などを買収していた時代です。当時、私は米国で生活していたので、日本のバブル経済をダイレクトに経験してはいません。でも時々、日本に帰ったり、日本から来るお客様と接したりしているなかで日本の無敵ぶりは伝わってきましたし、世界中のいろいろなところで日本人の活躍を見ることができました。米国の名だたるビジネススクールにも、日本人留学生が大勢いたのを覚えています。

そのような時代を経験したので、今の日本の元気のなさをことさらに実感します。よく言えば洗練、成熟したわけですが、当時のアニマルスピリッツのようなものが完全に失われたように思えます。

日本の元気のなさについては、さまざまな数字からも確認できます。

たとえばGDPを見てみましょう。1990年の米国の実質GDPは9兆3655億ドルだったのが、2019年には21兆4280億ドルですから、29年間で2倍以上になりました。

一方、日本はどうだったのでしょうか。1990年の実質GDPが453兆6084億円で、

2019年が553兆7600億円です。この29年間で22%しか伸びていません。

確かに1990年から株価が急落し、追い打ちをかけるように不動産価格も急落してバブル経済が崩壊した影響は勘案しなければなりません。でも、ちょっと待ってください。米国でも2000年にはITバブルの崩壊、2008年にはリーマンショックというように、大きな経済ショックを経ていますが。そうであるにもかかわらず、経済は大きく成長してきました。なぜ日本は成長できなかったのでしょうか。

「政治家がやるべきことをやらなかったから」とか、「過去の成功体験を捨てられなかったから」とか、いろいろな言い分はあると思います。ところが私はもっと根本的な問題があると思っています。それは日本の人口が将来にわたって、増える見込みがないことです。将来的な人口減は予想されていたと思いますので、時の政治家が積極的な施策を行う努力をすればこの流れを緩和することはできたような気がします。

日本の人口は今後横ばいが続くのではなく、急速に人口減少社会に入っていく公算が高いことは皆さんもお気づきのとおりです。

これは人口動態を見れば一目瞭然です。

日本の人口推計を見ると、人口がもっとも多かったのは2004年12月で、この時の総人口が1億2784万人でした。ちなみに1868年の明治維新の人口が3330万人で、太平洋

日米GDPの推移

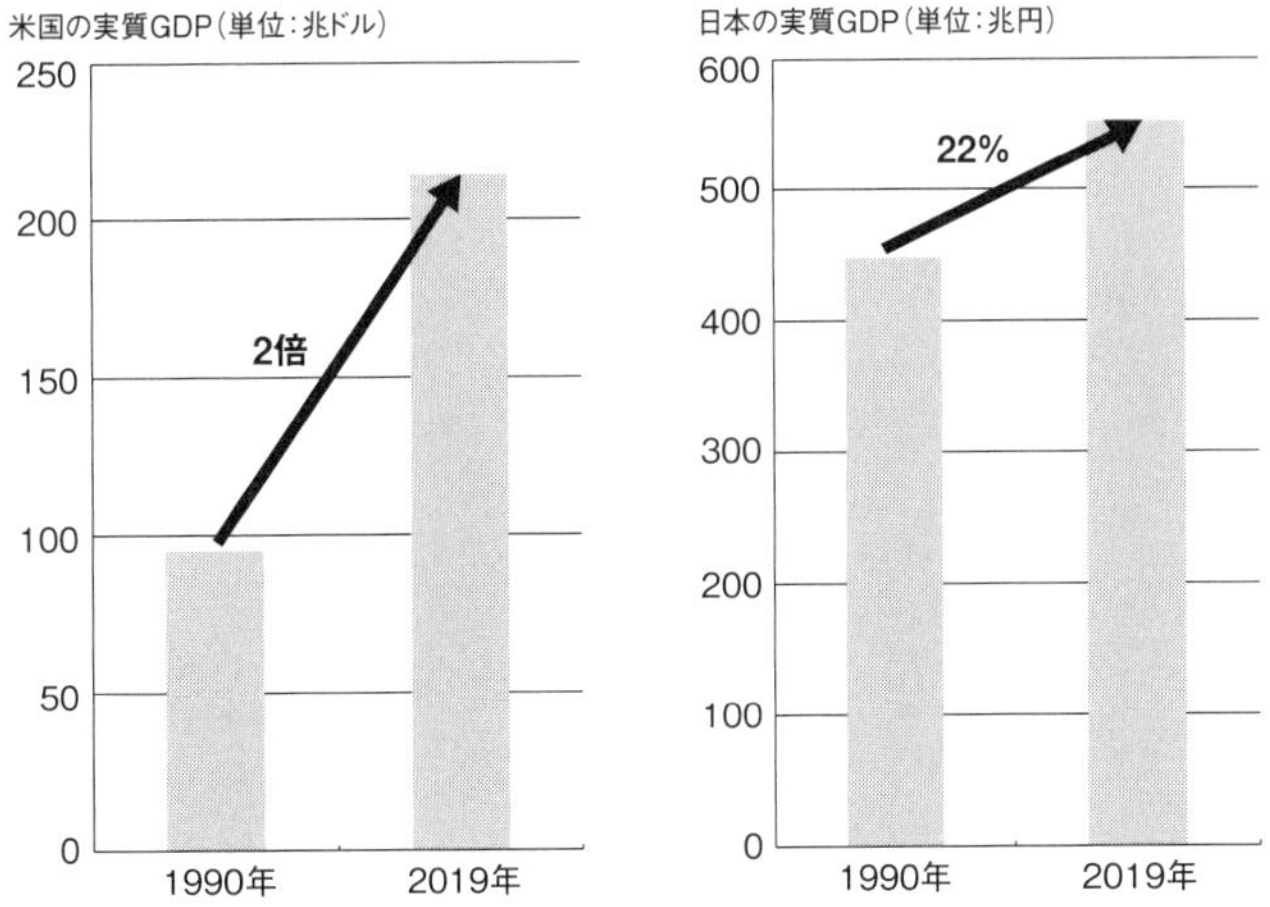

出所：IMFより著者作成

戦争終戦時の１９４５年が７１９９万人ですから、日本は近代化を進めるなかで人口が急激に伸びていったことが分かります。

　そして今後の人口は、逆に大きく減少していくことが推測されています。人口推計によると、２０３０年の総人口が１億１５２２万人。２０５０年になると１億人を割り込んで９５１５万人になってしまいます。

　もっと先の話をすると、２１００年には最悪の数字で３７７０万人と推計されています。その頃は本書のほとんどの読者も、もちろん私も生きていないでしょうから、とりあえずそこまで考える必要はないでしょう。ですが、２０５０年は意外と現実的です。今が２０２０年ですから、たったの

30年後です。

特に年齢の若い皆さん、よく考えてみてください。恐らく20代の人たちにとって30年後は、とても先の話のように感じると思います。しかし57歳になった自分が30年前を振り返ると、あっという間の時間の経過でした。つまり今、20代の人にとって2050年は決して遠い未来ではないのです。

あるいは50歳の人にとって30年後は80歳です。「人生100年時代」などと言われていますので、もし長生きしたら50歳の人たちにとっても、2050年は遠い未来ではありません。現実的な未来です。

何が言いたいのかというと、皆さんが老後、生きていくのに必要な資産を築いていくうえで、日本株だけへの投資が相応《ふさわ》しいのかどうかを真剣に考える必要があるということです。

人口がどんどん減少していく国の企業は、活路を海外展開に求めるしかありません。逆に日本国内だけで商売している企業は、人口減少によってマーケットが縮小していきますから、売上も落ち込んでいきます。株価はなんだかんだ言っても業績に連動するので、日本をメインマーケットにして商売しているような多くの企業の株価は値上がりが期待しにくくなるはずです。

このように説明すると、多くの日本企業の株式に投資しても長期的な成長が期待しにくいことはお分かりいただけると思います。それでも不思議なことに日本株に投資する人が大勢います。

これは「ホームマーケット・バイアス」によるものです。日本人が株式に投資する場合、どうしても日本企業の株式を選びがちです。それは米国の投資家も同じで、彼らは米国企業の株式しか眼中にありません。同じくイギリスの投資家はイギリス企業の株式、フランスの投資家はフランス企業の株式に投資する傾向があります。このように自分が生まれ、生活している国に投資する傾向のことを、「ホームマーケット・バイアス」と言うのです。

もちろん、ホームマーケット・バイアスで投資しても良いケースもあります。たとえば米国のように成長している国であれば、自国の株式市場に投資しても十分なリターンが期待できるはずです。実際、日米の個人金融資産の20年前と現在のデータを比較してみて日米の差が広がっているのは、株式市場の上昇率の違いが大きな原因の1つです。

日本のように、これから長期的な成長が期待できない国に住んでいる私たちが株式投資をする場合、ホームマーケット・バイアスは資産を殖やすうえで邪魔になるだけです。

いや、それればかりかホームマーケット・バイアスが、生きていくうえでとんでもないリスクにつながる恐れがあります。

私たち日本人のほとんどは日本に住み、日本企業に勤め、そこから円で収入を得ています。

もし日本という国がダメになったら、勤め先を失い、結果的に収入が得られなくなるかもしれません。しかも働いて貯めた資産をすべて日本国内で運用していたら、その資産までもが価値を失うことになります。つまり何もかも失うリスクがあるわけです。

ですから、これから自分の資産を安全に、かつ大きく殖やしたいと心の底から思っているのであれば、ホームマーケット・バイアスを断ち切って、日本株以外の資産にも積極的に目を向けていくことが大事です。

日本株で勝つには短期のトレーディングしかない

「いやいや、そうは言っても日本株で『億り人』になっている人がいるじゃないか」という言い分の方もいらっしゃるでしょう。

でも日本株への投資で億単位の資産を築いた人の投資法の多くが、デイトレードなどの短期売買です。日本株への長期投資で財を成した人は皆無とまでは申しませんが、かなり少数だと思います。

理由は、次に掲載したグラフをご覧いただければ納得してもらえると思います。

これは1990年から現在に至るまでの日経平均株価とS&P500の比較です。日経平均株価が何かは、ここで改めて申し上げる必要はないでしょう。日本を代表する株価インデックスで日本を代表する企業の株式２２５銘柄の株価の方向性を示しているものです。これに対してＳ＆Ｐ５００は、米国を代表する企業の株式５００銘柄の株価動向を示しています。

両方を比較すると一目瞭然です。Ｓ＆Ｐ５００は長期的に右肩上がりになっています。もちろん、２０００年のＩＴバブル崩壊や２００８年のリーマンショックなど、米国発の大きなマーケットの混乱を受けて大きく下がっているところもあります。１９９０年から２０２０年までの30年間の推移で見ると、この間にＳ＆Ｐ５００は大きく上昇しました。１９９０年12月末の同インデックスは３３０・22ポイントなのにコロナ禍でもあるにもかかわらず２０２０年９月２日には３５５５・11ポイントに達し、史上最高値を更新ですから、約30年間で９８７％も上昇したことになります。つまり10・86倍です。

では日経平均株価はどうだったでしょうか。同じ期間で見ると、１９９０年12月の大納会における株価が２万３８４８円で、２０２０年８月28日が２万２８８２円です。２００９年３月10日には７０５４円まで値下がりしたので、そこから考えれば「よくぞそこまで」と思うくらい回復したのは事実です。それでも１９９０年を起点にして長期的な株価の推移を比較すると、米国株が10倍超であるのに対し、日本株はほぼ横ばいという悲しい現実を認めざるを得ません。

理由は単純明快です。あえて乱暴な言い方をしますと、先に触れたように、日本経済がほとんど成長していないからです。さらに長期におけるデフレのせいで、株だけでなく、不動産の

日米株式市場の推移のパターンは大きく違う

日米株式市場の推移

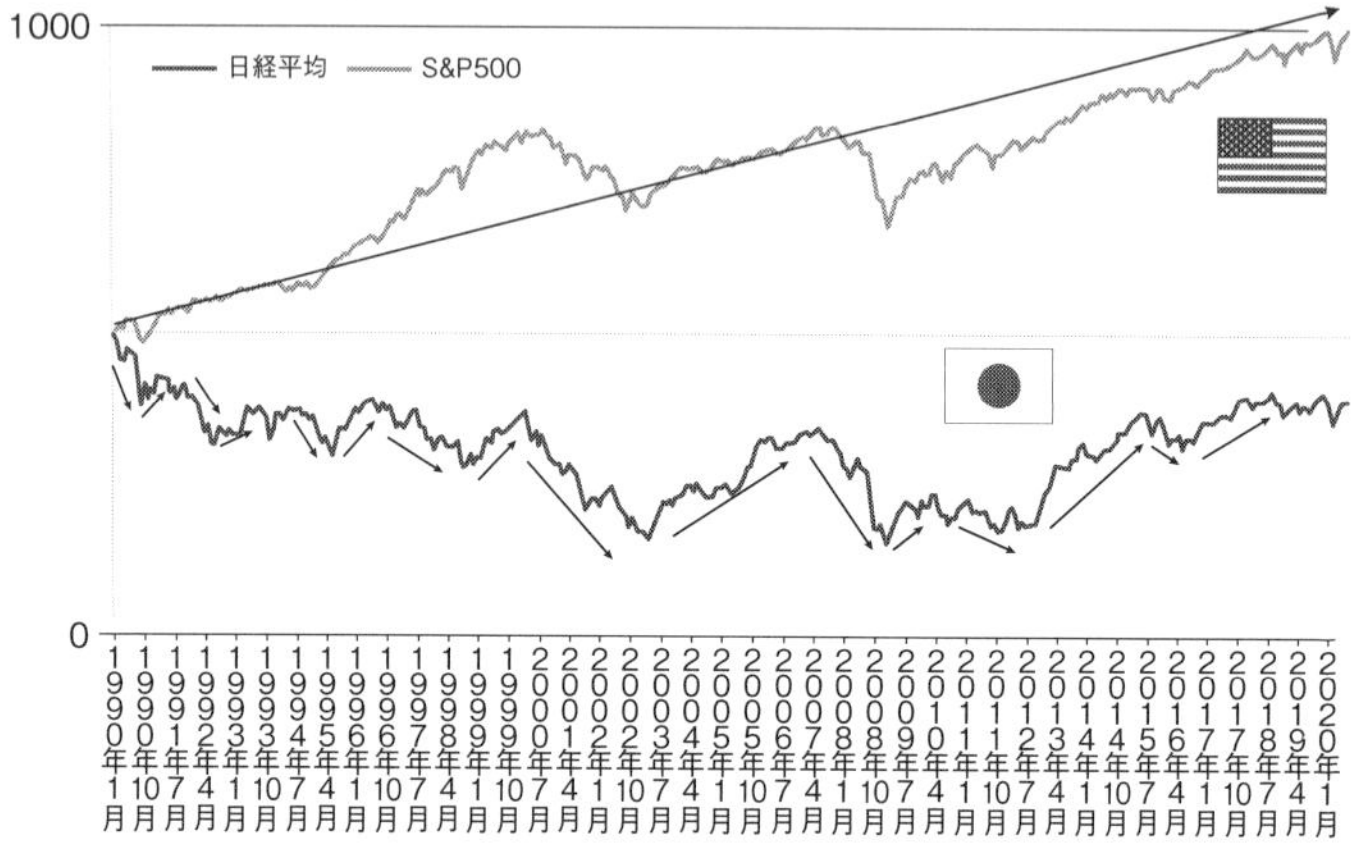

出所：Bloombergより筆者作成。1990年1月31日を100として指数化

ような資産価値、そして日本人の給与所得も他のほとんどの国々と比べて上がっていません。世界中を見ても、30年前の株価指数や不動産価格が上がってないのは日本くらいのものです。その分、物価が上がってないので生活は苦しくないという意見もあるかもしれませんが、日本人は世界の国々と比較して貧乏になっているのは間違いありません。つまり多くの国々が日本より高い成長を遂げることにより日本の経済力に近づいた結果、日本人が相対的に貧乏になってきているということです。

長期的に経済が成長しなければ、株価の長期的な上昇も期待できません。現実に日経平均株価の値動きを見ると、上昇しては下落、また上昇しては下落の繰り返しになっているのが分かります。

つまり10年、20年という長期間、株式を持ちっぱなしで利益が得られるマーケットではなかったわけです。しかも、これからその傾向が変わるとは思えないということです。

日本株への投資で大きな利益を得ている投資家の多くが、デイトレーダーなど短期投資家が中心である理由は、ここにあります。ずっと株式を保有し続けても、順調に利益を重ねたと思ったら、値下がりに転じて利益を吐き出してしまうということの繰り返しになるので、多くの投資家は長期投資するのではなく、短期で株価の上下動を捉えて、細かい利益を積み重ねるほうが得策だと判断しているのです。

もちろん、すべての銘柄がそうだと言うつもりはありません。日本企業のなかにも長期投資に向いている素晴らしい成長銘柄はあります。ただ、３７３２銘柄のなかで長期投資に耐えうる企業の数が非常に少ないので、銘柄を発掘するのに手間がかかります。

ここ数年、日本でもつみたてＮＩＳＡや確定拠出年金などを通じて長期投資を勧める声が高まっています。でも前述した状況を見れば、少なくとも日本株で長期投資をすることが間違いであることがお分かりいただけるのではないでしょうか。ましてや日経平均株価や東証株価指数（ＴＯＰＩＸ）が、いまだに過去最高値を更新できず、現状の水準に甘んじていることを考えると、日本株のインデックスファンドへの投資などもってのほかであると言えます。

外国株って本当に分からない？

日本株には投資しても、外国株に投資しない人の言い分についても考えてみたいと思います。前述したホームマーケット・バイアスとも関係ありますが、要するに「外国のことは分からない」という言い訳です。

確かに日本の投資家にとって日本の株式市場は、上場されている企業も知っているところが多いでしょうし、投資家といっても個人の場合は日中、各人の仕事をしている人が多いでしょうから、日本の商習慣にも馴染《なじ》んでいます。そういう点からすれば、日本の投資家は日本の株式市場に投資するのが一番やりやすいと言えるのかもしれません。

でも、ここでちょっと考えていただきたいのです。本当に私たちは日本の会社のことを知っているのでしょうか。

前述したように、東京証券取引所に上場されている銘柄数は3732もあります。トヨタ自動車、ソフトバンクグループ、ファーストリテイリング、NTT、東京電力、三菱UFJフィナンシャル・グループ、ソニー、セブン&アイ・ホールディングスといったあたりは社名と業務内容が一致すると思います。いずれも日本を代表する大企業ばかりですし、実際にこの手の企業がつくっている製品、サービスを購入している人も大勢います。

　では日本電産、信越化学工業、ファナック、キーエンスあたりはいかがでしょうか。いずれも超優良企業で、実際に株式投資をしている人なら誰もが知っているところばかりです。それでも株式投資をしたことがない人は社名も知らないし、ましてや業務内容などまったく分からないと思います。

　それこそハーモニック・ドライブ・システムズ、NITTOKU、コムチュア、太陽誘電、技研製作所などになると、まったくイメージがつかないのではないでしょうか。つまり「日本人は日本企業のほうが理解しやすいから、日本企業の株式に投資したほうが良い」というのは、ある意味で詭弁《きべん》なのです。

　自分たちの日常生活を思い出してみてください。朝、会社に行ってパソコンを立ち上げると、Windowsのチャラララーンという立ち上がる音がします。私がかつていた大企業の社内電話はIP電話ですべてシスコ・システムズ製でしたし、何かを検索する時は多分ほとんどの皆さんはGoogleを使うでしょう。外に行ってコーヒーを飲むならチョイスの１つはスターバックスで、マクドナルドでササッと朝食や昼食を済ませる人も多いと思います。

　プライベートな時間に、体力づくりのためにジョギングする時にはナイキのシューズを履きますし、自宅のパソコンはマックだったりします。日本人はアップル製品が大好きです。スマートフォンも日本人の半分が同社のiＰｈｏｎｅを使っているといいます。買い物はアマゾン・ドットコムで、決済だと「出かける時は忘れずに」アメリカン・エキスプレス、コカ・コーラを時々飲んで……といったように、私たちの日常生活のいろいろなところに外国企業、とりわけ米国企業がたくさん関わっていることに気付かれるのではないでしょうか。

普段から使っていれば、その企業の製品・サービスがどういうものなのかよく分かっているはずです。要するに私たちは実は外国企業のことを詳しく理解できている可能性が高いのです。

これは私も興味があり、「日本人に親しみのある米国企業」を10社、思いつくままにピックアップして、それを構成銘柄としたインデックスを作りパフォーマンスをチェックしてみたことがあります。3年前の２０１５年7月31日を１００として、そのインデックスと日経平均株価とＳ&Ｐ５００を比較してみました。２０２０年7月29日時点の運用成績は、日経平均株価が9％のプラス、Ｓ&Ｐ５００が31％のプラスであるのに対し、「日本人に親しみのある米国企業」10社のインデックスは１０８％のプラスになりました。このなかにはアマゾン・ドットコムやアップル、アルファベット（Ｇｏｏｇｌｅの親会社です）といったＧＡＦＡ銘柄も入っています。それらの株価が近年、急激に上昇しただけに、これだけのパフォーマンスの差が生じたものと考えられますが、ここのミソは、何も考えず日本人の間で有名な米国企業をパッケージにしただけで、これだけのリターンが得られたという事実です。

「米国株銘柄は馴染みがない、 分からない、銘柄選択が面倒そう。。。」 本当にそうですか？

- 毎朝出社してPCを開けると ---------→ マイクロソフト（MSFT）のウインドウズ
- コーヒーが飲みたい時は？ ----------→ スターバックス（SBUX）
- 会社のIP電話は？ ----------------→ シスコ・システムズ（CSCO）
- 「出かける時は忘れずに」は？ -------→ アメリカン・エキスプレス（AXP）
- スマホは？ ---------------------→ アップル（APPL）
- 検索する時？ -------------------→ グーグル（GOOGL）
- ジョギングする時は？ -------------→ ナイキ（NKE）のスニーカー　などなど

私たちが日々接する米国企業（**アマゾン、アップル、アルファベット、アメリカン・エキスプレス、シスコ・システムズ、ナイキ、マクドナルド、スターバックス、コカ・コーラ、マイクロソフト**）10社を指数化した「親しみのある米国銘柄10社」指数のリターンとS&P500、日経平均のリターンを比較してみたところ。。。

（注：「親しみのある米国銘柄10社」指数は筆者が独自で選んだもので、客観的な ものではありません。）

「親しみのある米国銘柄10社」vs. S&P500と日経平均

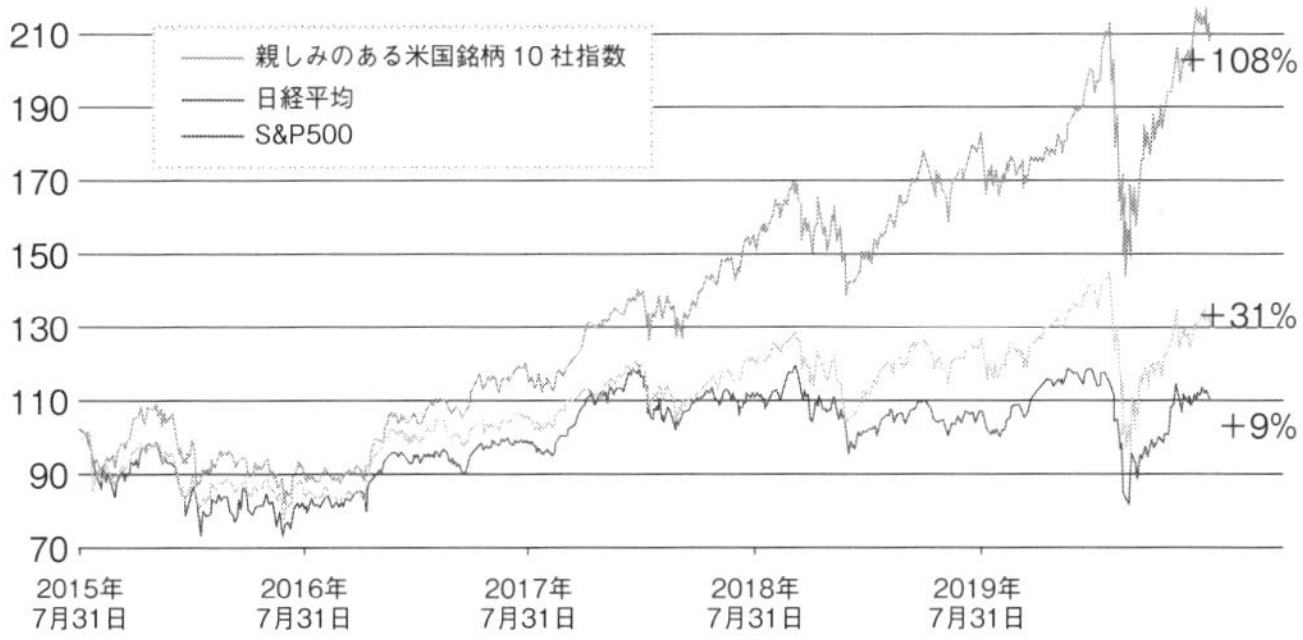

注：「親しみのある米国銘柄10社」指数は筆者が独自で選んだもので、客観的なものではありません。
2015年7月31日を100として指数化

出所：Bloombergより著者作成。リターンは配当を含まず。

もちろんS&P500というインデックスを持つのも良いのですが、何しろ500銘柄をパッケージにしたインデックスなので、特定銘柄の株価が大幅に上昇したとしても、S&P500そのものを上昇させる力は希薄化されます。その点、投資する銘柄を絞り込んだ10銘柄パッケージのほうがリスクは高いものの、高いリターンも期待できます。

株式投資には夢がある

いきなり結論を出してしまうようで申し訳ありません。皆さんが長期的に財産を築こうとするならば、投資先は米国株式がお勧めです。詳しい理由は第2章でも説明しますが、やはり人口の増加に支えられて経済がしっかり成長していて市場が拡大している点、米国企業の収益性の高さ、また情報の開示がしっかりしていることなどが米国株式に投資する絶対的な安心感につながっています。

米国株式に投資する方法は2つあります。個別銘柄への投資と、さまざまな銘柄をパッケージにした投資信託です。一般的には投資信託、なかでもS&P500などの株価インデックスに連動する運用成績を目指すインデックスファンドが良いとされています。でも私はせっかく米国株式に投資するならば、個別銘柄を探して行うストックピッキング的な投資も楽しいと思います。

個別銘柄投資では、株価指数投資では得られないリターンを得ることができます。

たとえば1989年12月から2020年7月28日にかけて、配当金の再投資を含むS&P500は1635%の値上がりになりました。

これに対して個別銘柄の株価はどのくらい上昇したのかというと、この間にもっとも値上がりしたジャック・ヘンリー&アソシエイツが断トツで30万1874%の上昇です。この会社は金融サービス業界向けにさまざまなソリューションを提供するテクノロジー企業です。私も調べるなかでこの数字が信じられず、何度も確認しましたが、この30万%というのは本当の数字です。

このほか私たちでも知っている会社になると、アップルが3万6538%の上昇、マイクロソフトが5万2045%の上昇です。30年と7か月程度という非常に長期間のパフォーマンスですが、30万%などという数字は、少なくとも日本の個別企業の上昇率では見たことがありません。ちなみに30万%は3000倍を意味します。

もちろん、このように値上がりする銘柄を選ぶのは至難の業です。が、これだけ大きく上昇する可能性を探せる楽しみがあります。好奇心が強く、モノを調べるのが大好きな人は、個別銘柄を自分で選んで投資することに、きっと嵌《はま》ると思います。

一方で、会社の内容を細かくチェックするのが苦手という人は、S&P500に連動するようなインデックスファンドを買えば良いでしょう。どちらを選ぶかは、自分のライフスタイル、投資に対する考え方によります。S&P500に投資しても30年とちょっとの間に1635%の上昇率ですから、決して悪くはありません。1635%ということは、元本が17倍以上に膨らんだことを意味します。

このように個別銘柄投資のほうが高いリターンは期待できるものの、1つだけ問題があります。それは投資信託に比べて投資する銘柄数が少なくなる傾向があることです。もちろん大金持ちであれば100銘柄、200銘柄に分散させることはできますが、個人にはなかなか難しいでしょう。

したがって、決め打ちで少数の銘柄に投資することになります。それだと株価が急落した時に大きなリスクを抱えることになります。ですから、個別銘柄に投資する際は自分のリスク許容度を把握し、その許容度の範囲内で投資しなければなりません。その許容度を超えた金額で投資してしまうと、株価が大きく下げた時に夜も眠れないだけでなく、仕事すら手につかなくなることも十分に考えられます。個別銘柄に投資する際は、くれぐれも自分のリスク許容度に合った金額で投資して、株価の上下に一喜一憂することなく長期的に持ち続ける心の余裕が大事になってきます。そこを見誤らず、同時に将来の有望企業を発掘できる根気と好奇心を持っているならば、個別銘柄投資で大きなリターンを得るチャンスに恵まれると思います。

さて、「資産運用」を目的に投資をする場合、株式や投資信託以外にもさまざまな投資対象があります。今、日本の個人が自由に取引できるものといえばＦＸ（外国為替証拠金取引）、債券、コモディティなどが代表的なところでしょう。

米国株式ではなく、他の投資対象はどうなのかと考える人もいると思います。実際、ＦＸで「億り人」になっている人は結構います。

ただＦＸは、見通しが当たれば大きなリターンが期待できるものの、基本的にはギャンブルに近い性質を持っています。株式には企業のファンダメンタルズがあり、それに対して株価が割高か割安かを判断できます。しかしＦＸ、コモディティは価値の根拠が明確ではなく、言い訳はつけられますが、単に需給だけで値段が動く側面が強いと思います。つまり買いたい人が多いのか、それとも売りたい人が多いのかを当てるゲームといっても良いでしょう。

この手の性質を持つ投資対象は、もはや投資ではなくトレーディング的な投機です。株式は企業の価値を買うのに対して、ＦＸ、コモディティは価格に投資しているのです。そして「価格に投資する」ＦＸ、コモディティは長期投資に向きません。単なる需給のみだと上がっては下がり、下がっては上がりを繰り返すだけで、長期的に続く上昇トレンドが期待できないのです。

もちろん株価も短期的には需給を反映して上下します。それでも本来、株式の場合は企業の成長力によって利益が積み上げられ、それを根拠にして株価は右肩上がりで上昇する性質があります。だから株式は長期投資に向いているのです。

長期的なビジョンを持って投資しよう

投資をする際、買ったり売ったりを短期で繰り返すのが楽しいという人がいます。そういう人は株式のデイトレードやFX、コモディティなどに投資するわけです。ところが、この方法には1つ欠点があります。その欠点があるから万人向けではないともいえるのですが、それはマーケットが動いている最中、ずっとその値動きを見続ける必要があるということです。

たとえば日本株でデイトレードをやろうと思ったら、マーケットが開く午前9時からマーケットが閉まる午後3時までの間、ずっとパソコンの前に座って株価の値動きをウォッチし続けなければなりません。

これは、普通に仕事をしている人には無理があります。もちろん専業トレーダーになるならデイトレードで稼ぐという手もあります。仕事をしながら株式にも投資するのであれば、デイトレードなど短期売買とは違う方法で投資する必要があります。それが長期投資なのです。

すでに申し上げたように、長期投資をするのであれば長期的に値上がりする蓋然性《がいぜんせい》の高いものに投資する必要があります。したがって、これから人口が減って国力が落ちていくと思われる日本の株式は、よほど銘柄を厳選しないと投資対象にはなりません。

これに対して米国の人口は今後も増加傾向をたどっていきます。ちなみに米国の人口は3億2820万人ですが、2060年には4億1700万人まで増えると見られています。人口が多いということは一般的に国力にも関係すると言われています。その人口が増えるということは消費も増えます。米国の個人消費はGDPの7割を占めると言われていますから、人口が増えれば個人消費も増え、結果的にGDPの増大につながっていきます。つまり国力は今後も強いまま推移すると考えられます。このように米国は長期的に成長する蓋然性が高い国です。加えて、一般的に米国企業のほうが日本企業より稼ぐ力が強いといわれています。

ですから米国株式への投資は、長期的に資産を殖やしていくうえで極めて理に適ったことなのです。

ただ、個別企業の株式に投資するうえで心掛けていただきたい点が1つあります。それは、企業選びをする際に必ず長期ビジョンを重視することです。

往々にしてありがちなのは、「今、値上がりしているから」とか、「来期の業績が良さそうだから」、「新聞や雑誌で話題になっているから」、「証券会社のセールスの人に勧められたから」

投資は長期的なビジョンを持って行おう

人口減の日本、人口増の米国
経済の規模も今後ますます差がついていくという見通しである

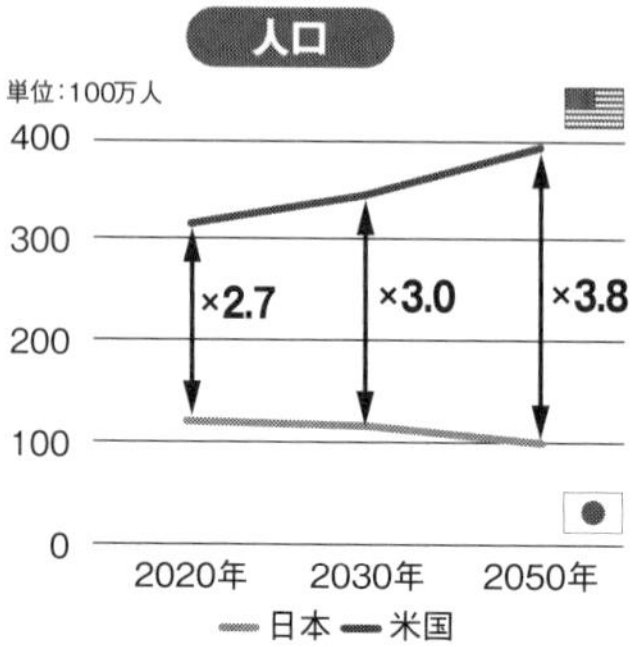

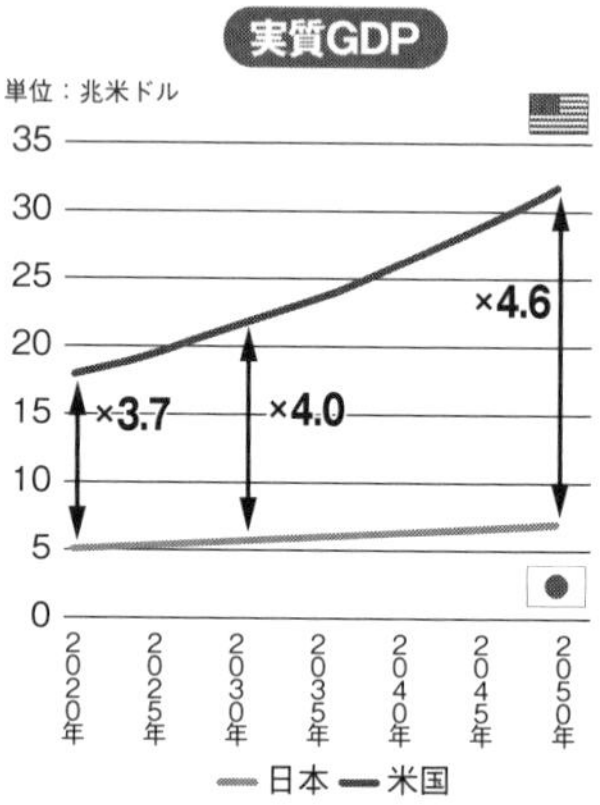

人口の年齢中央値

	2020年	2030年	2050年
米国	38.3歳	39.9歳	42.2歳
日本	48.4歳	52.1歳	54.6歳

出所：WPB, OECD, 国連データより著者作成

といった理由で投資する銘柄を決めるケースです。このような決め方だと、恐らく長期で持ち続けられないと思います。今、値上がりしている銘柄はしばらくすると値下がりするでしょうし、業績は常に変動します。新聞や雑誌でいくら取り上げられたとしても、単なる話題作りや行数を埋めるためだけに適当に書かれた記事かもしれません。証券会社のお勧め銘柄で長期的に値上がりした銘柄を、私は知りません。

　そうではなく、長期投資をするうえで一番大事なのは、その銘柄が長期的な成長ストーリーを思い描けるかどうかということなのです。たとえばトヨタ自動車グループの生産台数が年間1000万台超であるのに対し、テスラは36万台程度であるにもかかわらず、２０２０年7月にその株式の時価総額が、あの自動車業界ナンバー1のトヨタ自動車を追い抜いたのです。

テスラモータースはトヨタ自動車グループから見れば、まだまだ豆粒のような小さな電気自動車メーカーです。目先の売上比較だけではテスラのバリュエーションは正当化できません。その会社の株式がトヨタ自動車を追い抜いたのは、株式市場におけるテスラの将来の価値への期待感が高いことを意味します。その詳しい成長ストーリーについては最終章で説明しますが、将来、この会社は大きく成長するはずだというストーリーが描ける企業の株式に投資するのが、長期投資の基本です。

そして、もう1つ大事なポイントがあります。それは、長期投資を続けられる環境を整えることです。

といっても、株価をウォッチするためのモニターを複数用意するとか、ゲーミングチェアを用意してリラックスしながら株式投資ができる環境を整えるという話ではありません。それは自分のリスク許容度を把握することです。自分はどこまで損が出たら精神的にプレッシャーを感じるのか、心配で夜も寝られなくなるのかということをしっかり把握しておかないと、株価が大きく下げた時に狼狽《ろうばい》して売ってしまうことにもなりかねません。それでは長期投資を続けることができなくなります。

どれだけいい会社であったとしても、株式である以上、値下がりすることもあります。たとえばテスラの株価は過去数年間、毎年50%程度の調整がありました。50%下げても大丈夫な金額で投資しないと、持ち続けることができません。そこをしっかりと押さえ、辛抱強く持ち続ける、また下がった時に余剰資金があれば追加投資をすることができるか否かが、米国株式の長期投資で成功するための秘訣《ひけつ》でもあるのです。

第2章

なぜ米国株式なのか

投資できる外国株式はたくさんあるけれども

外国株式に投資する場合、まずはどの国の株式市場に上場されている銘柄に投資するかという点を考える必要があります。今から20年くらい前は、「ＢＲＩＣｓ《ブリックス》」という言葉が株式市場で大流行りして、いわゆる新興国の株式が非常に注目を集めました。

ちなみにＢＲＩＣｓは、Ｂ＝ブラジル、Ｒ＝ロシア、Ｉ＝インド、Ｃ＝中国の国名の頭文字を組み合わせた造語です。いずれの国も21世紀中に経済が成長して、米国などの先進国を追い越す可能性が期待されました。またＢＲＩＣｓ以外にもネクストイレブン、ＭＥＮＡ《ミーナ》、ＶＩＳＴＡ《ヴィスタ》といった略称で、これから成長が期待できる新興国群が話題になりました。

これら新興国群の魅力は、長期的に見て高い成長が期待できることです。実際、ＢＲＩＣｓにおいては中国が巨大な人口を背景にして目覚ましい経済成長を遂げてきました。今後もインドやアセアン諸国など、同じように高い成長が期待される新興国はたくさんあります。現に私もコロナの前は世界中を駆け回り、投資するにあたって将来有望な国・企業を発掘していました。

そのなかには、超長期で見れば非常に有望な投資対象もあります。たとえばアフリカ諸国がそうです。誤解のないようにお話をしますと、私は２０１４年に新興国の株式投資を紹介する本を著しており、アフリカを含む新興国株式の長期的な成長を信じていることに変わりはありません。

ですが、今回米国株投資の本を書いたのは、先進国の株である米国株は日本人が最初に投資をするにあたってのハードルが低く、日本株以上の長期的な投資リターンが高いと思っているからです。

では、成熟している他の先進国の株式市場はどうかということです。これも違うのではないかと思っています。日本を筆頭にして、他にも人口が減少傾向をたどる国があるからです。すでにドイツやイタリアの人口が減少局面に入っていますし、イギリスやフランスも２０３５年前後をピークにして、それ以降は人口が減少すると見られています。つまりこれらの国々の経済力は今後、国内でよほど生産性を上げない限り、徐々に衰退していきます。

そういったなか米国株式市場は長期的に市場全体に投資妙味があり、そこで取引している銘柄には素晴らしい企業が多いと思います。だからこそ私は、米国株式への投資をお勧めしているのです。

米国株式は安心して投資できる

米国の株式市場は世界最大です。2020年10月末における世界各国の株式市場の時価総額を見ると、ニューヨーク証券取引所とナスダックという世界最大の市場のある米国の株式市場が約4000兆円でダントツのトップです。ちなみに世界のすべての株式市場の時価総額合計が約9600兆円と言われていますから、米国の株式市場はその42%程度を占めていることになります。

以下、中国の株式市場が1648兆円、日本が649兆円、英国が288兆円、フランスが264兆円、サウジアラビアが254兆円というように続いています。いずれも米国の株式市場の規模と比べると小粒です。それだけ米国の株式市場は、世界から絶対的な信頼を得ているのです。絶対的な信頼があるからこそ、世界中の多くの企業が米国の証券市場への株式上場を目指すのです。

市場規模の大きさは、流動性の高さにつながります。流動性とは、ある銘柄を買おうとした時にいつでも買える、あるいは売りたいと思った時にいつでも売れるだけの取引量を持っていることです。

米国は世界最大の株式市場

世界の時価総額	87.4兆ドル
米国	36.0兆ドル（世界の42%）
S&P500	約27兆ドル（米国市場の76%）
日本	6.0兆ドル（世界の7%）

流動性が非常に低いマーケットだと、自分が買いたいと思っている株数を吸収できるだけの売り株数がないため、なかなか希望する株数を買うことができません。それでも何とか買おうとすると、株価がどんどん値上がりしてしまいます。

逆に売る時も、自分が売りたいと思っている株数を吸収できるだけの買い株数がないため、売り切ることができません。それでも売ろうとすれば自分の売り注文によって株価は下落してしまいます。結果、流動性の低いマーケットは、株価も乱高下しやすくなります。これでは、安心して株式を売買できません。

でも、前述したように米国の株式市場は世界最大の時価総額を誇り、さまざまな銘柄が相応の取引量で日々、売買されています。流動性不足によって買えない、売れない、あるいは株価が乱高下するなどということが起こりにくいのです。

そのうえ高いポテンシャルも持っています。何しろ日本の人口が激減する2100年になっても、米国の人口は増え続ける可能性があります。国際連合が作成している「世界人口推計」

によると、2019年時点の米国の人口は3億2906万人ですが、2050年では3億7941万人、2100年では4億3385万人に増えるという見通しです。前述したように、米国のGDPは70％が個人消費で占められていますから、人口増はそのまま経済力の強さに反映されます。

もちろん他にも高いポテンシャルを持った国はあります。現在、14億3378万人という世界最大の人口大国である中国は、2100年にもなると10億6499万人まで人口が減る見通しです。それでも10億人を超える人口がありますから、それなりに高いポテンシャルを持ち続けると考えられます。

ただ、中国への投資でネックになるのが政治問題です。完全に共産党の一党独裁政治になっていますし、香港国家安全維持法が施行されたことによって香港における言論の自由などが奪われたことを考えると、やはり「怖い国」という印象をぬぐい去ることができません。

よく言われることですが、お金はとても臆病です。少なくとも自由主義圏の投資家は、中国の香港に対する処置を見た時、中国に投資し続けている間に米国など自由主義を標榜している国と政治的なぶつかり合いが生じたら、共産党によって投資している資金が凍結されるのではないかと考えたはずです。そのような国に喜んで資金を投じる投資家など、まずいないでしょう。

確かに株式ですから、リスクがないとは申しません。買った時の株価に比べて値下がりすることもあります。でも、それは米国株式に限った話ではなく、日本株や中国株、欧州株でも同じことです。そのなかで米国の株式市場は、他の国・地域に比べて高いポテンシャルを持っているのと同時に、政治リスクやリーガルリスクが少なく、企業のコンプライアンスもしっかりしていて、世界中の投資家が常に注目している、世界最大規模を持っている株式市場です。だからこそ株価が急落している場面でも、怖がらずに投資できるのです。

米国発の暴落でも最初に戻るのは米国株式

「米国株式は安心して投資できる」ことのもう1つの理由は、米国の株価がずっと上がり続けていることです。よく「暴落を買え」などと言います。それは右肩上がりで成長しているマーケットだからこそ言える話です。そして、それを現実のものにしているのが米国の株式市場です。

たとえば「ニューヨーク・ダウ工業株30種平均」は、世界でもっとも歴史の長い株価インデックスの1つで、算出開始が1896年5月26日です。すでに124年も経っているのです。それなのに今でも過去最高値を更新し続けています。

また、もう1つの米国を代表する株価インデックスであるS&P500は、ニューヨーク・ダウよりも歴史が浅く、算出開始は1957年3月4日です。これも過去最高値を更新し続けています。

これら米国を代表する株価インデックスの算出が開始されてから、幾度となく米国の株式市場は株価暴落の危機に直面しました。1929年10月の「ブラック・サーズデー」からニューヨーク・ダウは下落を続け、1932年に大底を打つまで実に89%という下落率を記録しています。

ここ30数年の間にも、1987年ブラックマンデー、2000年ITバブル崩壊、2008年リーマンショックというように、幾度となく大きな下げを経験してきました。それでも底を打てば上昇へと転じ、史上最高値を更新し続けて現在に至っています。

2020年2月のコロナショックも同じです。暴落する直前のS&P500は、2月19日に3386・15ポイントまで上昇した後、3月23日に2237・40ポイントの大底を打ち、そこから上昇へと転じました。9月2日には3555・11ポイントをつけて過去最高値を更新しています。

対して日本の株価です。日経平均株価の暴落直前の高値は1月20日の2万4083円で、3月19日に1万6552円で大底を打ち、そこから回復基調に入りましたが、10月9日に2万

3725円へと米国株に1か月遅れて今年の高値に達したものの、マーケットの回復力の遅さを暴露しています。

2020年の春先にかけて、米国では新型コロナウイルスの罹患者が指数関数的に激増し、医療崩壊直前などという悲観的なニュースが流れる一方、日本は奇跡的に重症患者数や死亡者数が少なく、素晴らしいといった賞賛の声が聞かれたのに、不思議なことに株価を比べると、日本よりも米国のほうが優秀なパフォーマンスでした。

新型コロナウイルスの被害規模からすれば、米国の株式市場はもっと悲惨なほど被害を受けてもおかしくないのに、そうはならなかったのです。

これは、米国が持っている経済の底力を信じている投資家が大勢いることを意味します。逆に、日本の株価がコロナショック直前の高値をなかなか抜けずにいたのは、日本経済の将来に対する期待度の低さの現れといってもいいでしょう。

では、なぜ米国の株式は暴落をものともせず、ずっと右肩上がりで上昇し、史上最高値を更新し続けられるのでしょうか。

それは、身もふたもない言い方になりますが、米国の株式市場が世界最強だからです。

何をもって「最強」なのか。やはり米国の株式市場には世界的に影響力を持っているグローバルな企業が多数上場されていることが挙げられます。

史上最高値を更新する米国株
史上最高値から約30年経っても高値を更新しない日本株
（1979年1月末を100とした日経平均とS&P500の推移）

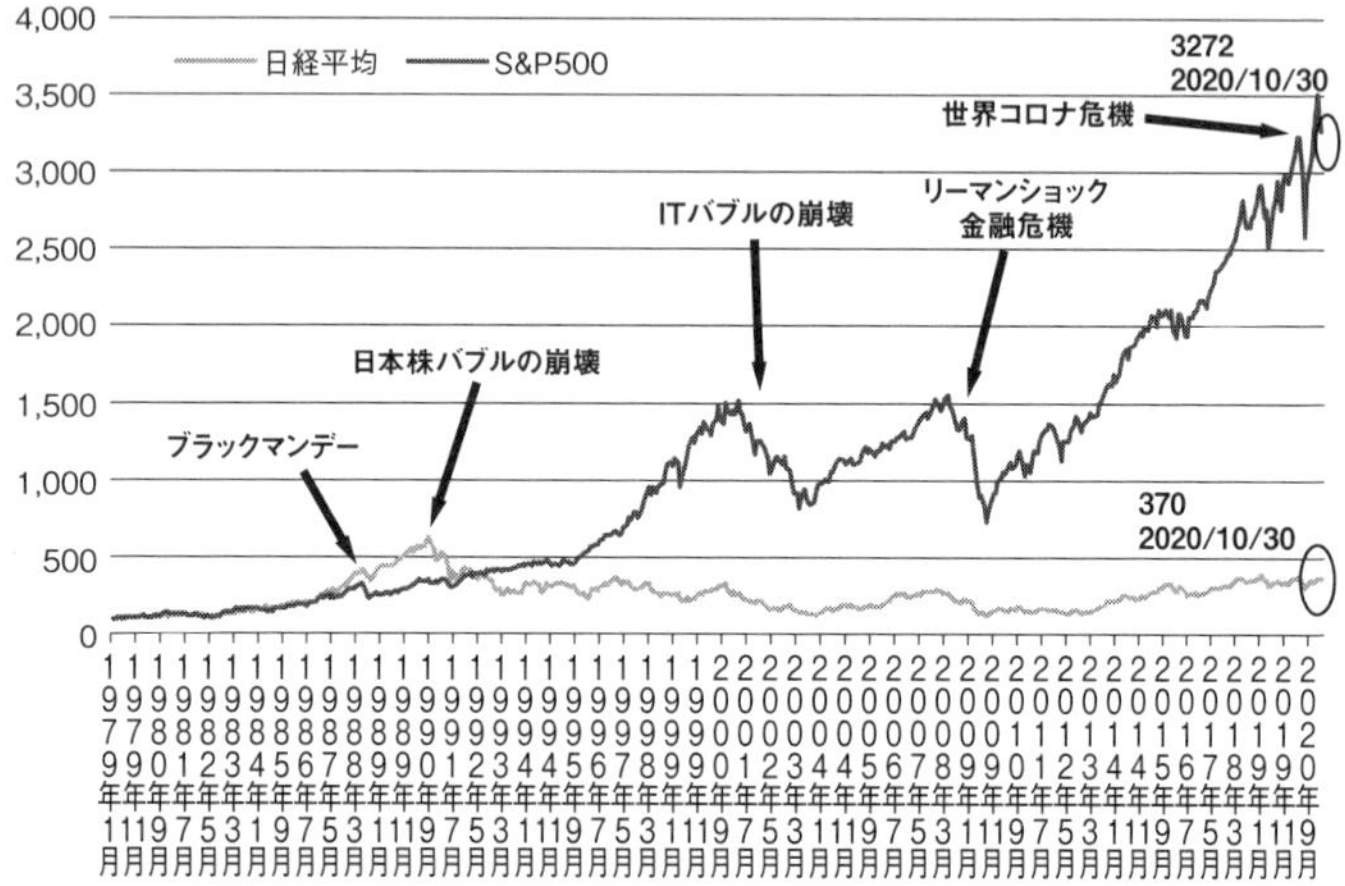

出所：Bloombergより筆者作成。　S&P500は米ドル、日経平均は円建ての価格のみのパフォーマンス

グーグル、アップル、フェイスブック、アマゾンといったGAFA銘柄やマイクロソフト、テスラなどのテック企業だけでなく、エンターテインメントならウォルトディズニー、飲料のコカ・コーラなど、それぞれのセクターにおける世界最強企業がたくさん上場されています。

正直、こんな株式市場は、他のどの国にもありません。

かつて1980年代のバブルピーク時には、日本企業の株式が世界の株式市場の時価総額の半分近くを占めていたこともありました。あれから30年の年月を経て、今はわずか6・91%です。

これだけ世界最強企業がたくさん上場されているから、米国の株式市場に投資しようという動きが活発になるのです。東京証券取引所の1部市場における売買金額は、1日あたりで平均3兆円程度です。ところが米国においては、スパイダー（SPY）と称されているETFたった1銘柄の売買代金が3兆円を優に超えることがあります。米国株式市場のETFたった1銘柄の売買代金が東証1部全銘柄の売買代金を超えるのですから、この点からも米国株式市場に勢いがあることがお分かりいただけるかと思います。

経営者と株主の利害が一致している

米国の企業は経営者が株価に強くコミットします。彼らの報酬の決定のされ方が会社の株価のパフォーマンスにリンクしているためで、これも米国企業の株価が強い理由の1つでしょう。CEO（最高経営責任者）をはじめとする経営陣が、自ら経営に関わっている企業の株式をどの程度持っているのかという点は、実は結構重要なことです。

日本の経営者は、なぜか株式に投資していることを外部に知られたくないようです。恐らく、「実業をおろそかにしてお金を殖やすことに執着している」とか、「金の亡者」というようなイメージで見られたくないからかもしれません。現実に日本企業の場合、経営者や役員などのインサイダーが自社の株式を保有している比率は、発行済株式数の約0・6％しかありません。

では米国企業の場合はどうなのかというと、同じくインサイダーが自社の株式を保有している比率は、発行済株式数の1・85％もあります。

単純に計算すると日本の3倍です。

ちなみにここで言う「インサイダー」とはあくまでも「内部者」、つまり経営者や役員のことであって、インサイダー取引などに関わる悪い人たちのことではありません。くれぐれも誤解のなきように。

さて、経営者や役職員が自社の株式を持つことは、少なくとも米国においては当然のことです。むしろまったく自社株式を保有していないとしたら、その企業は対外的にも信用されなくなります。なぜでしょうか。

それは「自社の株式を持っていない経営者は、自分の経営手腕に自信がない」と解釈されるからです。

株価が値上がりした時にもっとも恩恵を受けるのは株主です。同時に企業のインサイダーが株式をたくさん保有していれば、当然のことですがインサイダーにも多額の利益が入ります。もちろん、そのためには自分の身銭を切って、自社の株式を購入しなければなりませんが、それだけに何とかして企業価値を高めて株価を上げようと、経営者も必死になって経営しようとするはずです。

日米発行済み株式インサイダー保有率

日本　**0.53%**

米国　**1.85%**

注: 日本は日経225、米国はS&P500
出所：Bloombergより著者作成

なぜ日本企業が株主軽視の経営を続けてきたのか、もうお分かりいただけたかと思います。インサイダーが自社の株式をほとんど保有していないからです。これでは、株主目線で経営を判断することができません。

米国では「企業は株主のもの」という認識が非常に強いため、経営者が株主の目線に立った経営を常に心がけています。だから、インサイダーによる株式の保有比率が高いのです。

１つ事例を挙げてみましょう。２０１６年２月11日、米国の有力投資銀行であるＪＰモルガンのＣＥＯであるジェイミー・ダイモン氏が、自分の個人資産でＪＰモルガン株を50万株も取得しました。総額で２６６０万ドルと聞いていますから、日本円にして当時の為替レートで30億円くらいになります。

２０１６年２月11日は、米国株式市場がかなり大きく下げた日でもありました。マーケット全体の下げに引きずられるようにしてＪＰモルガンの株価も大きく下げたのですが、その絶好のタイミングでジェイミー・ダイモン氏は、自分が経営に携わっている同社の株式を大量に取得しました。

日本ならオーナー経営者でもない限り、このようなことをする経営者がいるでしょうか。ちなみにジェイミー・ダイモン氏はJPモルガンの創業家でも何でもない、ただの雇われ経営者です。そういう人でも、日本円にして30億円もの大金をポンと出して、自社株式に投資するのです。

この事実を他のJPモルガンの株主が知ったら、どう思うでしょうか。大半の株主は、ジェイミー・ダイモン氏が同社の株式を大量に取得したことを知った瞬間、「ああ、この人は自社の経営に対して絶対の自信を持っている」と思うはずです。

これは非常に大切なことだと思います。経営者のなかでも創業経営者はまさにカリスマで、多くの人を魅了する魅力に満ちあふれた方が多くいます。ところが雇われ社長になると、よほどの実力者でもない限り、カリスマ性はほぼ感じられません。こうなると、株主総会の場で株主を前に今後の経営戦略などについて語っても、説明している内容に説得力がなくなってしまいます。なぜなら会社の利害と経営者の利害が一致していないからです。

でも、ジェイミー・ダイモン氏のような雇われCEOでありながらも、自社株式を大量に保有していれば、「この経営者は会社と利害が一致しているから信用できる」となり、株主に対するさまざまなメッセージの説得力が大いに高まるのです。

JPモルガン・チェース＆カンパニーの株価推移

出所：Bloombergより著者作成

　ちなみにジェイミー・ダイモン氏がJPモルガンの株式を購入した時の平均コストは、1株あたり53ドル18セントでした。そして1年間に受け取った配当金の総額が1ドル76セントだったので、配当利回りは3・3％です。同銀行はその後に増配を行っており現在、1年間の配当金額が3ドル60セントになっているので、同氏にとっての配当利回りは6・77％まで上昇しています。しかもコロナ禍でJPモルガンの株価が下がったと言っても10月30日現在98ドル4セントですから、株価は84％上昇しています。

　ダウ・ケミカルのCEOジム・フィッタリング氏も同じです。コロナ禍でダウの株が大暴落した2020年3月のことです。彼はテレビ番組のインタビューで、「現在の当社の株価は下がり過ぎています。マーケットの見方は間違っている」というコメントを出しつつ、日本円にして5300万円程度の自己資金を出して、ダウ・ケミカルの株式を1株24ドル61セントで2万株買ったことを語りました。この時の同社の配当利回りは11・4%まで上昇していたのです。そのうえ彼は「減配のリスクはない」と答えていました。10月30日の段階で同社の株価は45ドル49セントですから、キャピタルゲインは85%加えて投資に対する年間配当利回りの11・4%をロックインしたのです。そして株価は同年10月末までに125%上昇しました。

企業の株価に対するCEOのコミットメントが、まさに投資家の間で高く評価された結果といっても良いでしょう。

稼ぐ力が違う

企業は稼ぐために存在しています。これは日本も米国も同じです。稼ぐからその企業に所属している人たちの収入が増えて、より良い生活ができるようになるのです。そして企業の売り上げ、経常利益といった業績が良くなり、それを反映して株価は上がります。

したがって稼ぐ力が強ければ強いほど、外部の投資家はその企業の株式をより多く保有しようとします。だから株価が上がっていくのです。

日米の企業を比較すると、この稼ぐ力という点において、米国企業は日本企業よりも優れているところがたくさんあります。だからこそ日本企業に比べて、米国企業の株価がより高い水準まで買われていきます。

グラフで比較してみましょう。1989年12月から2020年7月28日までのS&P500採用銘柄と、東証株価指数（TOPIX）採用銘柄で、もっとも高いリターンを上げた企業のトップ10です。

もちろん日本にも良い会社はあって、そういう会社の株価は日本経済のバブルが崩壊した1989年12月以降も値上がりしています。たとえばキーエンスの株価はこの間、3925％の上昇でした。つまり株価がおよそ31年の間に40倍になったということです。

ちなみにこのリターンには、この間に支払われた配当金や株式分割で株数が増えた分も含めて計算しているので、単純に1989年12月の株価と2020年7月28日の株価を比較して40倍になるというわけではありません。その点は誤解のないように注意していただきたいのです。それでもバブル経済が崩壊して「失われた30年」などと言われても、しっかり成長している企業はマーケットもきちっと評価することが、この数字で分かります。

その他にも、2112％のHOYA、2021％のユニ・チャーム、1582％の東京エレクトロンといった優良企業が続いています。2112％ということはざっと22倍のことですか

日米ベストパフォーマンス・トップ10銘柄
（1989年12月〜2020年7月28日）

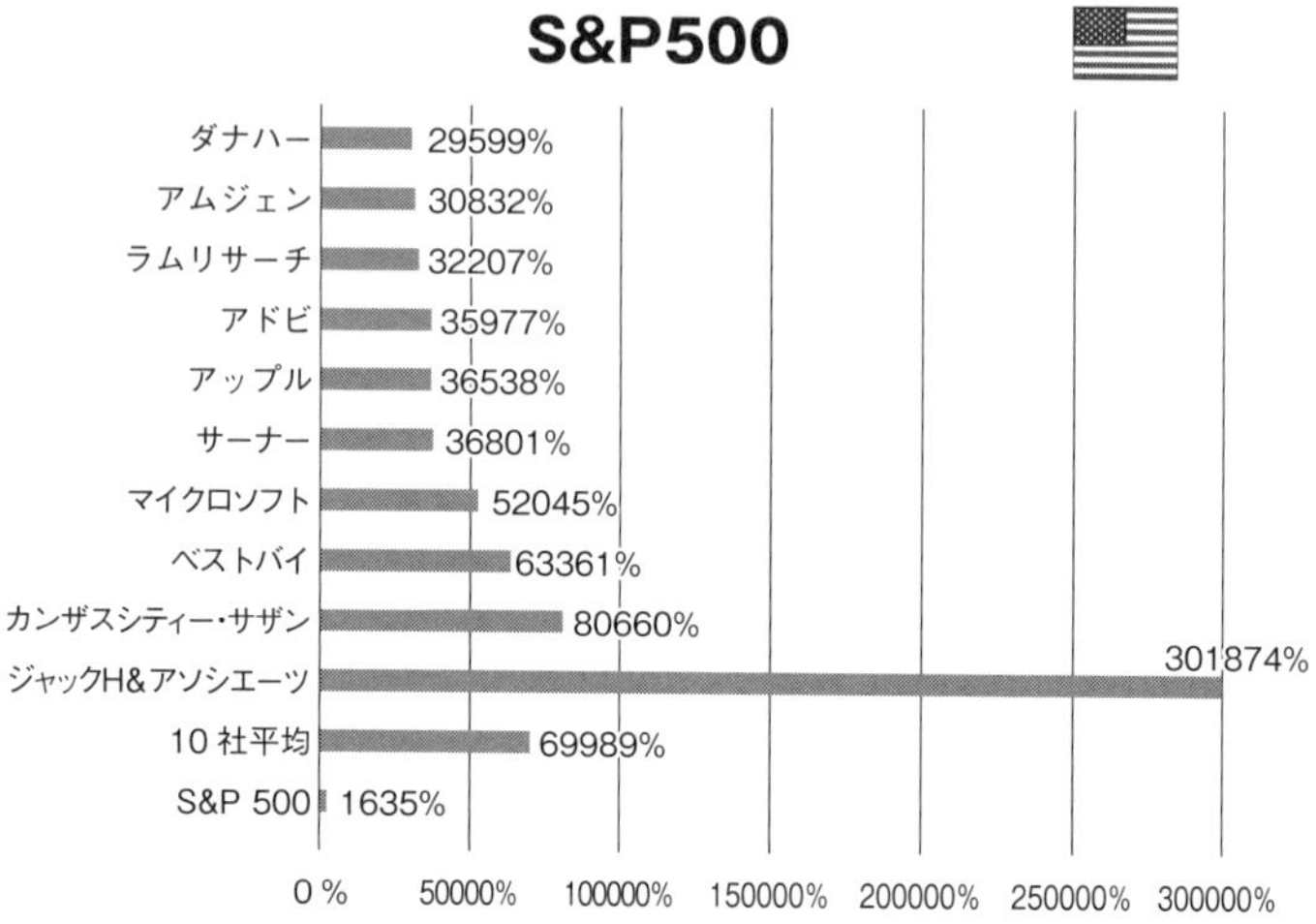

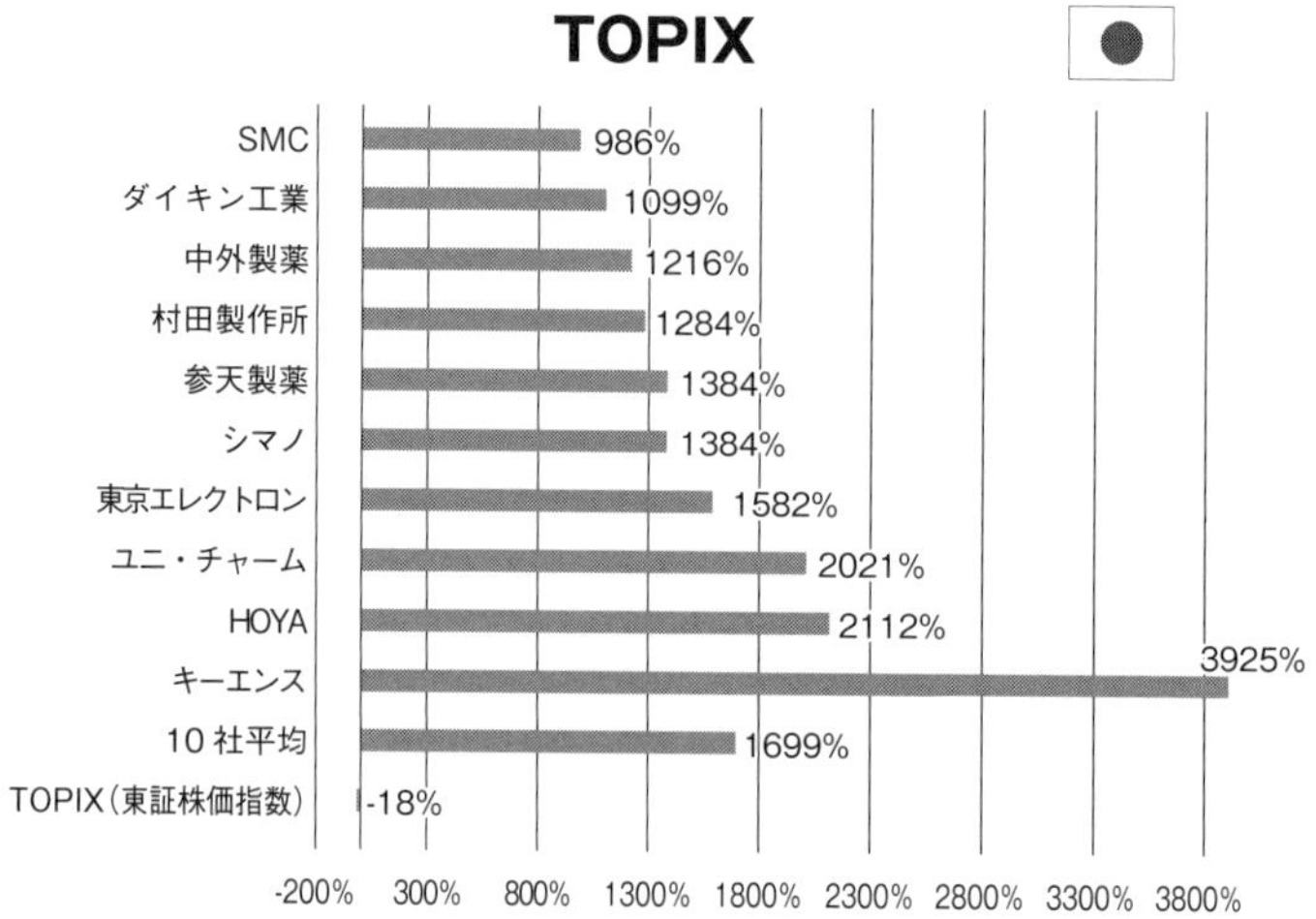

出所：Bloombergより筆者作成

ら、これでも十分なパフォーマンスといって良いでしょう。31年前に１００万円を投じていたら、今ごろは２２００万円になる計算です。

でもＳ＆Ｐ５００に採用されている銘柄のベストパフォーマンスを見ると、日本企業のベストパフォーマンスに対してケタ違いで高いことに驚かれると思います。ジャック・ヘンリー＆アソシエイツのリターンは何と30万１８７４％ですから、この31年間で３０００倍以上に膨らんだことになります。もし１００万円を投資していたら、31年間で30億円以上になります。

もちろん、このリターンは他の米国株の中では断トツの高さであり、他の企業はもう少し低くなります。それでもカンザスシティー・サザン鉄道は８万６６０％、ベストバイが６万３３６１％、マイクロソフトが５万２０４５％、サーナーが３万６８０１％ですから、日本企業に比べて10倍以上のリターンを実現しています。それだけ米国企業は稼ぐ力があることを、株価が証明していると言えるでしょう。

なぜ、ここまで稼ぐ力に差があるのでしょうか。本質的には企業カルチャーの違いに行き着くのかもしれません。

最近は徐々に崩れてきていますが、それでも日本の大企業はまだ終身雇用制度を維持しようとしています。この制度のもとでは定年になるまで身分が保証されて、大組織で働き続けることができます。

それは働く側にとっては安心材料といっても良いでしょう。でも、安心すると人は何もしなくなります。「ほどほどに働いて給料がもらえればいいや」と考えてしまうのです。一種のモラルハザードです。

これに対して米国企業は、成果を上げれば多額のボーナスが支給されるものの、業績が悪化したり、まったく成果を上げられなかったりした時には、あっという間に首が飛びます。ある外資系証券会社では、たとえば10人のセールスがいたら、この10人で手数料を競わせ、一定期間後の成績で下位3人を切ります。そうしたら新たに優秀なセールスを3人ヘッドハントしてきて再び10人の間で競争させ、また下位3人の首を切って……ということを当たり前に行っているのです。

そのくらい過酷な競争を強いられるわけです。ただし、それによって成果に応じた報酬、待遇が受けられるのと同時に、企業がどんどん筋肉質になっていきます。

また米国企業にはフレキシビリティが高いという特徴もあります。言い方を変えると「走りながら修正する」傾向が強いため、ディシジョンメイクのプロセスが極めて早急になります。

これはタイの企業のマネジャーから聞いた話ですが、その会社が中国に持っている工場を条件さえ合えばどこかに売却したいと考えていた時、まず日本企業と交渉したそうです。何回ミーティングを繰り返しても結論が出ませんでした。

米国が革新的な国である理由
イノベーションを大事に育てる風土

1. アメリカ合衆国憲法修正第1条にある言論の自由

活発な意見の交換を促し、新しい考え方 → 新しいビジネスアイデアが出やすい環境にある。

2. リスクテイキングの文化

失敗を恐れない。

3. 教育システム

暗記学習より探求と独創的な思考を重視。

4. ビジネス寄りの米国政府の政策

米国の公共政策は、伝統的に起業家精神、中小企業、スタートアップを支持してきた。

出所:各種資料より著者作成

これでは埒《らち》が明かないと考えたマネジャー氏は、交渉相手として米国企業も加えてミーティングをしたところ、その場で結論が出て、最終的には米国企業に売ることになったそうです。

このディシジョンメイクの早さが米国企業の強さでもあります。確かに、日本流の稟議《りんぎ》を採って、しっかり固めながら決定まで持っていくという方法も良い面はあります。方向性が固まってプロジェクトなどがスタートとなった時、現場からマネジャー、役員までしっかり意思を固めたうえで取り組むので、方向性が間違ってさえいなければ、一糸乱れずに物事を進めていく強さがあります。

ただ、それは両刃の剣であるのも事実です。がっちり稟議で固めるということは、プロジェクトなどを進めている途中で何か不測の事態が生じた時、即応できないという問題が生じてしまいます。

以前、日本の大企業で社内ベンチャー部門の責任者の方からお伺いした話です。新事業を進めていく過程で回りの環境が変わり、事業が計画通りいかなくなり、赤字となったそうです。そのため、ご本人はここをこう変えれば良くなるはずだと会社に説明したところ、それはもともとの計画にないためダメだという判断がされたそうです。これは特殊な例かもしれませんが、このお話をお伺いして、がっちり稟議で固めて社内的に誰も責任を取らなくて済むリスク回避の体制を作る日本企業の一面を思い出しました。私も何度も見たことのある光景です。

ディシジョンメイクの遅さ、そして必要に応じ修正するフレキシビリティがないということは、今のビジネス環境からすれば致命的です。昨今のビジネスは、実際にその現場を知っている人は理解できると思いますが、とにかくスピードが昔に比べて何倍にもアップしています。つまり現場からマネジャー、役員、経営トップまで稟議を上げていくうちに、ディシジョンメイクが早い米国企業などに、おいしいところをすべてさらわれてしまいます。

逆に走りながら考える米国企業は、不測の事態が生じたとしても、状況に即応してプランAがダメならプランB、それでもダメならプランCというように次の手を繰り出して、プロジェクトの完遂を目指します。そうして状況に応じてフレキシブルな対応が取れるので、60％程度の成功確率があればどんどん仕事を進めていけるのです。

これらすべて稼ぐ力の差となって現れます。

平成元年
世界時価総額ランキング

順位	企業名	時価総額（億ドル）	国名
1	NTT	1,638.6	日本
2	日本興業銀行	715.9	日本
3	住友銀行	695.9	日本
4	富士銀行	670.8	日本
5	第一勧業銀行	660.9	日本
6	IBM	646.5	米国
7	三菱銀行	592.7	日本
8	エクソン	549.2	米国
9	東京電力	544.6	日本
10	ロイヤル・ダッチ・シェル	543.6	英国

出所：米ビジネスウィーク誌（1989年7月17日号）「THE BUSINESS WEEK GLOBAL1000」

平成30年
世界時価総額ランキング

順位	企業名	時価総額（億ドル）	国名
1	アップル	9,4409.5	米国
2	アマゾン・ドットコム	8,800.6	米国
3	アルファベット	8,336.6	米国
4	マイクロソフト	8,158.4	米国
5	フェイスブック	6,092.5	米国
6	バークシャー・ハサウェイ	4,925.0	米国
7	アリババ・グループ・ホールディングス	4,795.8	中国
8	テンセント・ホールディングス	4,557.3	中国
9	JPモルガン・チェース	3,740.0	米国
10	エクソン・モービル	3,446.5	米国

＊7月20日時点。

世界企業の時価総額ランキングは１９８９年当時、ベスト10のうち7社が日本企業で占められていました。ちなみに時価総額のトップはＮＴＴの１６３８・６億ドルでした。これに対して２０２０年４月のランキングは、トップ10のうち７社が米国企業で、１位のアップルの時価総額は今年９月２日には２兆３４５９億ドルをつけています。

30年前であれば、日本企業のやり方で世界を席捲できましたが、デジタル化、情報化、グローバル化が進んだ今、30年前の成功体験に基づいたやり方を踏襲している日本企業の出る幕は、残念ながら極めて限られてしまったというわけです。そして今のビジネス環境は、まさに米国企業の独壇場であり、米国企業が持っている企業カルチャーが稼ぐ力を一段と強いものにしているのです。

弛まぬフロンティアスピリット

「新興国」と聞くと、どんな国をイメージしますか。インドネシア、シンガポール、タイ、フィリピン、マレーシアなどのアセアン諸国、前述したＢＲＩＣｓ諸国、中東、東欧あたりでしょうか。いずれもこれからの経済成長が期待されている国・地域です。しかし私はあえてここに「米国」を加えたいと思います。

もちろん、国際政治や軍事などにおいて米国は世界のリーダーです。そんな国が経済的に新興国であるはずはないのですが、米国の建国の精神ともいえる「フロンティアスピリット」がある限り、米国は新興国といっても良いと思うのです。

なぜ新興国が高い経済成長率を実現できるのかというと、農業国から工業国に移行していくなかで生産性が大きく向上するからです。収入が増えて人々の生活水準が向上し、さらには贅沢さえおぼえていきます。ある意味、人間の欲望は際限がないので、どんどん贅沢をおぼえ、より高額な消費を行うようになります。こうした循環によって経済規模はどんどん拡大して、高い経済成長率が実現するのです。

また、国が高度経済成長をしていく過程においては、先進国に追いつけ追い越せと、フロンティアスピリットの塊となって国民が頑張りを見せます。たとえば日本も、戦後の焼け野原の中からソニーや本田技研工業、松下電器（現パナソニック）といった企業が、それこそ町工場からどんどん新製品を開発して、世界に冠たる大企業になっていきました。まさにフロンティアスピリットそのものです。

もともとフロンティアスピリットは、米国が西部を開拓していく様を表現したものです。それを体現しているのが多くの米国企業、特にシリコンバレー発のテック企業に色濃く見られます。

パソコンやiPhoneなどのハード、ウインドウズなどのソフトは誰が開発したのでしょうか。もう言うまでもなく、すべて米国企業です。情報化社会のベースとなっているインターネットも、もともと米国の軍事技術が民生用になったものです。

米国企業は今までにない製品をリリースして世に問い、世界中の人々から絶賛され、受け入れられました。今やパソコンにしても、あるいはiPhoneをはじめとするスマートフォンやタブレットがない生活など、考えることができません。これまで世の中になかったものを真っ先に開発し、世界をマーケットにその製品・サービスを広げていく。まさにフロンティアスピリットです。

米国株が上がりやすい背景

・米国**経済の規模が大きい**、世界最大級の市場、**GDPの7割**が**個人消費**

・世界中から**優秀な人材が集まり**、米国企業に貢献するエコシステムが出来上がっている

・移民の受け入れによる**人口増加**

→ **ダイバーシティ（多様性）**を重んじる

・世界でもトップクラスの教育機関が多い

卒業後の受け皿 → シリコンバレー、シリコンアレー

・**イノベイティブ**な企業が多い

・**グローバルなブランド**企業が多い

・企業の利益率が高い

・企業のマネジメントの**報酬が株価にリンク**している場合が多い

・歴史的に増配、自社株買いなど**積極的な株主還元**を行っている

確かに1980年代は日本の時代で、自動車や家電製品、あるいは半導体などで日本は世界市場を席捲しようとしていました。今は中国がハイテク分野で米国を凌駕しようとしているかに見えます。

でも、私はそれは違うと思うのです。日本の自動車や家電製品、半導体は一時期、世界市場を席捲する勢いでした。しかし、もともとの要素技術は日本がオリジナルで開発したものではなく、米国が開発したものを日本がブラッシュアップして、より安い価格で世界中にばらまいたのです。

中国のハイテク分野も同じで、要素技術を発明したのは米国です。

このように世界規模で必要とされるもの、流行るもの、重宝されるものは、米国発が非常に多いのです。このフロンティアスピリットがなくなら

ない限り、米国は新興国であり続けるといっても良さそうです。

米国のエコシステムが米国企業をより強くする

米国企業の強さは、世界から優秀な人材を集められるエコシステムが機能しているからです。私が学生だった頃、あるいは社会人になったばかりの頃、大勢の日本人が海外のビジネススクールに留学しました。当時の日本企業は、米国や欧州の先進的な企業に追いつけ追い越せと競争を繰り広げていたので、海外の優秀なビジネスパースンと肩を並べて競争ができるよう、彼らと同じ教育環境で若手の日本人社員を育成しようとしたのです。

海外にはたくさんの優秀な大学があるなかで、大勢の日本人がまず目指したのが米国の大学や大学院でした。なぜなら非常に優秀な大学・大学院が多いからです。

イギリスの大学評価機関であるクアクアレリ・シモンズが作成している「世界大学ランキング」によると、２０２１年版のトップ20大学のうち10校が米国の大学です。それ以外だとイギリスが5校、シンガポールが2校、スイスが2校、中国が1校です。圧倒的に米国の大学・大学院は優秀なのです。

優秀な大学・大学院で学ぶことは、将来の成功のパスポートを手にする入り口のようなもの

QS世界大学ランキング2021年版：世界の上位20校

2021	2020	大学	国
1	1	Massachusetts Institute of Technology (MIT) マサチューセッツ工科大学	アメリカ
2	2	Stanford University スタンフォード大学	アメリカ
3	3	Harvard University ハーバード大学	アメリカ
4	5	California Institute of Technology (Caltech) カリフォルニア工科大学	アメリカ
5	4	University of Oxford オックスフォード大学	イギリス
6	6	ETH Zurich (Swiss Federal Institute of Technology) ETH チューリッヒ（スイス連邦工科大学チューリッヒ校）	スイス
7	7	University of Cambridge ケンブリッジ大学	イギリス
8	9	Imperial College London インペリアル・カレッジ・ロンドン	イギリス
9	10	University of Chicago シカゴ大学	アメリカ
10	8	UCL (University College London) ユニバーシティ・カレッジ・ロンドン	イギリス
11	11	National University of Singapore (NUS) シンガポール国立大学	シンガポール
12	13	Princeton University プリンストン大学	アメリカ
13	11	Nanyang Technological University (NTU) 南洋理工大学	シンガポール
14	18	Ecole Polytechnique Federale de Lausanne (EPFL) スイス連邦工科大学ローザンヌ校	スイス
15	16	Tsinghua University 清華大学	中国
16	15	University of Pennsylvania ペンシルベニア大学	アメリカ
17	14	Cornell University コーネル大学	アメリカ
18	17	Yale University エール大学	アメリカ
19	18	Columbia University コロンビア大学	アメリカ
20	20	University of Edinburgh エジンバラ大学	イギリス

ですから、野心を持った優秀な若い人たちは米国の大学・大学院を目指します。そして、そこで恐らく世界でもっとも厳しい授業を受け、無事に卒業にたどり着いた人たちは、米国のグローバル企業に入社します。

優秀な人材獲得は、企業にとって非常に重要です。米国の非常に優秀な教育機関で訓練された人たちが米国のグローバル企業に入社し、そこで今までなかったような製品・サービスの開発を行うことによって、企業がどんどん強くなっていきます。こうしたエコシステムが米国企業の強さの根底にあるのです。

しかも、米国はもともと移民の国です。今は移民を制限していますが、日本に比べれば移民に対して寛容であり、ダイバーシティを非常に重んじる精神があります。そのうえ言語は英語ですから、海外から米国に行ったとしてもコミュニケーションで困るようなことにはなりません。

こうして世界中から優秀な頭脳を持つ多様な人々が、たとえばアップルやマイクロソフトに入社してくるので、非常にイノベーティブな発想が生まれやすくなり、オリジナリティの高い製品・サービスの開発につながっていくのです。

その結果、米国で何が起こっているのかというと、ディスラプションの動きです。ディスラプションとは「破壊」という意味です。イノベーションによって新しく登場した製品・サービ

優秀な若者が世界中から集まる米国

・米国は世界で最も勉強したい国となっており、**100万人**以上の留学生が米国の教育機関で勉強している（2019年）

・2004年～ 2016年間に**150万人**の米国の大学を卒業した外国人留学生が米国内で就職している。そのうち**53%**が理系、テクノロジー、エンジニア、数学関連の職を得ている。

例：優秀な若者の受け皿としての就職先

シリコンバレー
（カリフォルニア、SFの南部）

シリコンアレー
（ニューヨーク、マンハッタン）

出所：EducationData.org より著者作成

2018年理系外国人留学生の就職先トップ10

Amazon
Intel Corp
Google
Integra Tech LLC
Microsoft Corp
Deloitte
IBM
Fecebook
Apple, Inc
XCG Design Corp

スが、既存の業界を破壊して新陳代謝を早めています。

　そのディスラプティブなビジネスの例がウーバーです。日本ではもっぱらウーバー・イーツばかりが目に留まります。しかし米国ではウーバーというライドシェアビジネスが誕生したことによって、タクシー業界が崩壊に追い込まれようとしています。

　ホテル業界はAirbnb《エアビーアンドビー》というシェアリングビジネスによってディスラプティブされていますし、アマゾン・ドットコムはデパートやスーパーマーケットなどのリアル店舗で買い物をするという概念を完全に覆しました。

　もちろん、ディスラプティブな技術を持つ新興勢力の登場によって、旧勢力はそれに対抗できないまま消えていきます。確かに、消える側にいる者は非常に厳しい現実を目の当たりにするわけです。それでも自由経済の世界はこうした新陳代謝があるからこそ、経済は大きく成長し、株式市場の活性化を促すのです。

コーポレートガバナンスがしっかりしている

コーポレートガバナンスとは、「企業統治」と訳されるケースが多くあります。要するに企業経営を誰が監視しているのかということです。

もし監視役がいなくなったら、多くの企業は利益を上げるために好き勝手なことをやり始めるでしょう。たとえば2000年のITバブル崩壊後は、ワールドコムやエンロンといった企業が不正会計に手を染めていたことが判明し、両者ともビジネスの世界から消え去りました。

こうした問題があった後から、米国では非常に規制が厳しくなり、コーポレートガバナンスに対する意識が一気に高まりました。

株式会社におけるコーポレートガバナンスとは、会社の所有者である株主の利益を最大化させることに、企業としてしっかり取り組んでいるかどうかを監督するためのものです。このコーポレートガバナンスが非常にしっかりしている米国企業は、安心して投資するに足るだけの信頼感があると考えられます。

寝ている間にお金に働いてもらおう

投資対象として、米国企業の株式が望ましいことは、ここまでの話でご理解いただけたのではないかと思います。さらに個人が米国企業に投資することのメリットとして、1つだけ申し上げたいことがあります。

それは「自分が寝ている間もお金が働いてくれる」ことです。当たり前の話ではあるのですが、日本と米国の間には時差があります。そこで自分が寝ている時間帯はお金に働いてもらうというのは、なかなか良いことだと思うのです。近年、働き方の多様化を実現させるなかで副業が注目される時代です。

日本株の場合、取引時間は午前9時から午後3時までです。この時間帯は、恐らく本書を読んでくださっている皆さんの大半は働いているでしょう。もちろん持ちっぱなしであれば常に株価の動きをウォッチする必要がないので、働いて給料を得るのと同時に、保有している株式のリターンも狙うという、本業と副業を同時並行で行うことは可能です。ただし前述したように、日本企業の株式は長期上昇トレンドを描く銘柄が極めて少なく、一定のレンジのなかで、値上がり、値下がりを繰り返す銘柄が大半です。

したがって日本株の場合、長期投資ではなく、株価の上下を捉えて短期売買を繰り返すほうが効率よく稼げるのです。そのためには株式市場が開いている時間帯は仕事をせず、ひたすら株価を追い続けなければならないことになります。株式投資の深みに嵌れば嵌るほど、「会社辞めますか？　それとも投資を止めますか」の二択に悩むことになるでしょう。

でも、米国株式であれば、そんなことで悩む必要は一切なくなります。なぜなら米国の株式市場が開いているのは、日本時間で言うと、標準時間期間なら午後11時半から翌日の午前6時までであり、サマータイム期間なら午後10時半から翌日の午前5時までになります。ちなみにサマータイム期間は毎年3月の第2日曜日午前2時から始まり、同11月の第1日曜日午前2時までになります。

つまり1日の仕事が終わって自宅に帰り、パソコンを立ち上げてニューヨーク株式市場がスタートした直後の動向を簡単にウォッチしたら、後は寝てしまったとしても、投資した株式の配当や値上がり益によって利益を得ることができるのです。

もちろん値下がりすることもありますが、本書では基本的に10年後、20年後も持ち続けることができる米国株式への投資をお勧めしています。値下がりしたとしてもそれはあくまでも一時的なことであり、長期保有に徹しさえすれば、将来、高いリターンが得られる可能性も高まります。

しかも働くのは自分ではなく自分のお金ですから、副業といってもしっかり睡眠がとれますし、そうすることによって翌日の本業にもプラスの効果がもたらされます。

皆さんの大切なお金には、皆さんが寝ている間に米国へ出稼ぎにいってもらいましょう。それを実現するためには、10年、20年という長期にわたって持ち続けることができる銘柄を選ばなければなりません。その方法については、これから先の章で詳しく述べることにしましょう。

第3章

ETFを活用すれば簡単にできる米国株投資

米国株投資の第一歩はＥＴＦ

ＥＴＦってご存じでしょうか。すでに米国株投資を実践されている方には釈迦《しゃか》に説法かもしれません。しかし本書はこれから米国株投資を始めてみようという方も対象にしていますので、基本の基本ということで、まずＥＴＦ投資から話を始めていきたいと思います。

まずＥＴＦとは何か、ということからです。

ＥＴＦはExchange Traded Fundの略称で、日本語にすると「取引所でトレードできる投資信託」ということになります。

日本ではＥＴＦ以外の投資信託が主流で、これらは取引所に上場されていません。したがっていつでも自由に購入、解約できるものではなく、原則として1日のうち1回だけ、その日の終値をベースにして計算された「基準価額」で購入、解約することになります。

これに対してＥＴＦは、投資信託が証券取引所に上場されているようなものです。株式と同じように取引所が開いている間、リアルタイムでその時の市場価格で自由に売買できます。もっとも、この本は短期トレードをお勧めするものではないので、取引所でいつでも自由に売買できるという点については、それほどメリットではないのですが、いつでも売買できる点は、ある種の安心材料にはなるでしょう。むしろ長期で保有するにあたってＥＴＦの最大の魅力は、保有期間中に徴収される「信託報酬」という手数料が低いことです。

信託報酬のように日々、徴収されるコストは、運用期間が長くなればなるほど、金額ベースではかなりの負担を感じます。ここでは分かりやすく円建てで話をすると、たとえば１００万円の運用資金に対して年間２％の信託報酬と年間０・２％の信託報酬では、かたや年間２万円、かたや年間２０００円というように大きな開きが出てきます。これが1年間だけなら良いのですが、10年、20年と長期保有した場合に支払うコスト負担を考えると、よほどベンチマークのリターンを安定的に上回る優秀な運用がされている投資信託でない限り、やはり信託報酬は低いに越したことはありません。つまり米国の株価インデックスで長期投資をしようとした場合は、ＥＴＦが適しているのです。

最近はＥＴＦといってもかなり細分化されていて、テーマ別や業種別、企業規模別などさまざまなタイプのＥＴＦが揃えられています。どのくらいの数があるのかというと、２０２０年8月31日時点で、ニューヨーク証券取引所に上場されているＥＴＦの本数は約２３２０本と言われています。

実は、ＥＴＦは東京証券取引所にも上場されているのです。でも上場本数は２２３本と米国の10分の1に留まっています。円ベースで取引できる分かりやすさはメリットの1つですが、本数の差を見ても分かるように、米国のETFのほうがさまざまな種類が揃っています。なかには日本のETF市場にはないタイプのETFも上場されているので、探して選ぶ楽しみは、米国ETFのほうが格段に上です。

とはいえ本項のタイトルにもあるように、米国株投資の第一歩としてETFを選ぶのであれば、ニッチな銘柄を選ぶ必要はありません。ここは王道銘柄で行きましょう。

具体的にはニューヨーク・ダウやS&P500、NASDAQ総合、NASDAQ100など、米国を代表する株価インデックスに連動するタイプのETFです。

では、個別銘柄に投資するのと、これら米国を代表する株価インデックスへの連動を目指すETFに投資するのと、どちらが良いのでしょうか。

個別銘柄投資といっても、単一銘柄のみに投資するとあまりにもリスクが高いので、たとえばGAFA+M、つまりグーグルを運営しているアルファベット、アマゾン・ドットコム、フェイスブック、アップル、そしてマイクロソフトという5銘柄に分散投資したとします。

現在、米国株式市場を牽引しているGAFA+Mの5銘柄だけで、S&P500の時価総額の22%に相当します(2020年10月30日現在)。

一方、この上位5社がS&P500構成銘柄の純利益の総額に占める割合は20%です。この時価総額と純利益の比率を見ると、次のようになります。

	時価総額比／純利益比
アップル	6・4％／6・3％
マイクロソフト	5・3％／5・2％
アマゾン	5・3％／1・9％
グーグル	3・8％／3・9％
フェイスブック	2・6％／2・8％

この5銘柄の時価総額全体に占める割合と、収益全体に占める割合との乖離を見ても、アマゾンを除いた4銘柄はそれほど大きくありません。アマゾンの場合は将来の長期的な成長のためにインフラ投資などを積極的に行っていて、利益を上げることに重きをおいていませんので同社の場合はこの比較はあまり参考にはなりません。つまりGAFA＋Mの株価は、収益面から見ても決して割高ではなく、むしろ合理的であると考えられます。

それと同時に、この5銘柄の収益は、今後3～5年間で年平均約19％程度の伸びが見込まれています。このように収益が増えていけば、それに応じて時価総額が増えていく。つまり株価は値上がりする可能性が高いと考えられます。

また、米株市場においてGAFA＋M系の銘柄の時価総額の占める割合が高まっているのを問題視する見方もあります。それでも彼らが市場全体の成長率を上回り続けるのであれば、株価が上昇し続けることについては何の問題もないように思えます。

一方、S&P500などの株価インデックスです。こちらも時価総額の23%を占めるGAFA+Mの収益が今後も増えて株価が上昇すれば、S&P500自体の水準も押し上げられることになります。

ただ、S&P500はこの5銘柄以外に、495銘柄が全体の値動きに影響を及ぼします。この495銘柄のなかには、株価が値上がりするものもあれば、値下がりするものもあります。結果、S&P500は今よりも値上がりする可能性はあるけれども、恐らくGAFA+Mの上昇率に比べれば、ある程度低めに抑えられることになると思われます。

このような話を聞くと、「やっぱり個別銘柄投資で大きなリターンを狙いたい」と考える人も出てくるでしょう。

しかし、ここで問題になるのが銘柄選別です。前述したように、S&P500の構成銘柄のなかには株価が値上がりするものもあれば、値下がりするものもあります。コンプライアンスがしっかりしているとはいっても、倒産に追い込まれる企業もあります。そのなかから将来有望な企業を見つけなければなりません。そのためには長期ビジョンを描くセンスに加えて、丹念に企業を調べて将来の有望銘柄を発掘していく根気も試されます。

この時点で「面倒くさい」と思った人は、個別銘柄投資には不向きです。そして、そういう人たちでも資産形成ができるようにするため、ETFというプロダクツが用意されているのです。

実際、S&P500だってなかなかの運用成績を収めています。それは1989年12月から2020年9月30日までの30年と9か月の間に、TOPIXは▲12%という不名誉な数字しか出せなかったのに対して、S&P500は円ベースのリターンでも1238%も値上がりしたことが証明しています。この間にS&P500は、年平均で8・8%というリターンを続けてきたのです。

しかもこの間、ITバブルの崩壊やリーマンショックなど、非常に大きなショックを経ているにもかかわらず、これだけのリターンを実現しました。

確かに投資した個別銘柄が本格的に値上がりした時のリターンには敵わないかもしれません。それでも一般的に考えれば、これでも十分な運用リターンといえるでしょう。何しろ30年間で100万円が1248万円になったのですから。もし1000万円を投資していたら、1億2480万円です。

余談ですが、典型的なストックピッカーとして有名なウォーレン・バフェット氏は、妻への遺言として、個別銘柄投資ではなくS&P500に投資するように指示したという話もあります。米国経済が今後もしっかり成長路線を歩むのであれば、インデックス投資でも十分なリターンは期待できます。その意味でも、米国株投資の第一歩はＥＴＦなのです。

押えておきたい米国株インデックス

ＥＴＦの種類は多種多様です。前述しましたように、ニューヨーク証券取引所に上場されているＥＴＦの本数は約２３２０本と言われています。これだけの本数ですから、各ＥＴＦが連動を目指すインデックスもさまざまです。

冒頭でも申し上げましたように、ニューヨーク・ダウやＳ＆Ｐ５００、ＮＡＳＤＡＱ総合指数、ＮＡＳＤＡＱ１００は基本形です。これら以外に世界全体の株式市場に投資したのと同じ投資効果が期待できる株価インデックスや、国・地域別の株価インデックス、先進国や新興国の株価インデックス、企業規模別の株価インデックス、業種別の株価インデックス、投資テーマ別の株価インデックス、本書のテーマとはいささか違いますが債券のインデックス、不動産のインデックス、金などの資源価格に連動するインデックスなど、非常に幅広いインデックスに連動するＥＴＦが上場されています。

でも、最初からこれらさまざまな種類のＥＴＦを見る必要はありません。なぜなら目移りしてしまうからです。ＥＴＦで米国株投資をする際のポイントは、まずＳ＆Ｐ５００やＮＡＳＤＡＱ総合指数など、米国の株式市場全体の動向を反映して動いている株価インデックスに連動するＥＴＦを１本持つことです。それをポートフォリオの中心に据えて、あとは自分がこれから大きく伸びると思われる国・地域、テーマ、業種といったインデックスに連動するＥＴＦを、その周りに配していく「コア・サテライト戦略」が望ましいと思われます。

この「コア・サテライト戦略」については後ほど詳しく説明しますので、ここでは「そういうものがあるんだ」という程度で受け止めておいてください。

では、ここからは米国を代表する株価インデックスの性質を簡単にご説明し、そのインデックスに連動するＥＴＦをご紹介したいと思います。

【S&P500】

米国を代表する時価総額上位５００社で構成される株価指数です。そのため時価総額の大きな株価の値動きが指数に影響を及ぼします。米国の株式市場時価総額全体の約76％をカバーしています。基本的に構成銘柄の入れ替えは年４回、Ｓ＆Ｐダウ・ジョーンズ指数委員会によって決められます。

参考S&P500指数連動型ETF：

SPDR トラストシリーズ1（SPY）

バンガード・S&P500ETF（VOO）

・iシェアーズ・コア　S&P 500 ETF（IVV）

【S&P中型株400】

米国を代表する中型株の指数です。構成銘柄は時価総額で24億ドルから82億ドルの企業が対象になります。S&P400の時価総額は、米国株式市場全体の約5%を占めています。

参考S&Pミッドキャップ400指数連動型ETF：

SPDR ポートフォリオS&P 400中型株式ETF（SPMD）

バンガード・S&Pミッドキャップ400 ETF（IVOO）

【S&P小型株600】

米国を代表する小型株の指数です。構成銘柄は時価総額で6億ドルから24億ドルの企業が対象になります。S&P600の時価総額は、米国株式市場全体の約2%を占めています。

参考Ｓ＆Ｐスモールキャップ指数連動型ＥＴＦ：

ＳＰＤＲポートフォリオＳ＆Ｐ６００小型株式ＥＴＦ（ＳＰＳＭ）

バンガード・Ｓ＆Ｐスモールキャップ６００ＥＴＦ（ＶＩＯＯ）

【ＮＡＳＤＡＱ総合指数】

ＮＡＳＤＡＱに上場されている約２８００銘柄のほぼすべてを採用しています。米国株時価総額の約半分を占めています。テクノロジーセクターがほぼ半分を占めています。

注：ナスダック総合指数に連動するＥＴＦはありません。

【ＮＡＳＤＡＱ１００】

金融セクター以外の時価総額トップ１００で構成されており、米国株市場全体の時価総額の35％ほどを占めています。またＮＡＳＤＡＱ総合指数の時価総額のほぼ74％を占めており、インターネットセクターが28％、ソフトウェアが10％、コンピュータが14％、半導体が12％ということでテクノロジーセクターが64％になります。

参考ナスダック100指数連動型ETF：
インベスコ　QQQトラストシリーズ1（QQQ）

米国株式のインデックスは「グロースインデックス」

米国を代表する株価インデックスの概略については、以上である程度、ご理解いただけたかと思います。

もちろん、株価インデックスは日本の株式市場にもあります。有名なところでは「日経225種平均株価」と「東証株価指数（TOPIX）」でしょう。いずれも日本の個人投資家によく知られている株価インデックスであり、ニューヨーク・ダウほどではないにしても、それなりに長い歴史を持っています。

でも、「株価インデックス」だからといって同じものと思ってはいけません。米国の株価インデックスと日本の株価インデックスは似て非なるものです。誤解を恐れずに申し上げると、米国の株価インデックスは基本的に「グロースインデックス」、つまり成長指数であり、日本のそれは「バリューインデックス」であると思うのです。

たとえばニューヨーク・ダウ。正式にはダウ工業株30種平均といって、米国を代表する30社の株価を平均して求められるものです。スタートした当時はまだ30銘柄ではなく、鉄道株9銘柄と工業株2銘柄の合計11銘柄で構成されており、名称は「Dow Jones Average（ダウ平均）」でした。

その後、農業株や鉱業株など12銘柄で「Dow Jones Industrial Average（ダウ工業株平均）」の算出が開始され、1928年から30銘柄の平均株価になりました。またかつてはニューヨーク証券取引所上場銘柄だけで構成されていましたが、1999年11月からはNASDAQ上場銘柄のインテルとマイクロソフトが加わり、現在は6銘柄がNASDAQ上場銘柄になっています。

このニューヨーク・ダウは、その時代、時代における代表的な銘柄で構成されているので、これまでの構成銘柄の変遷を見ていくと、昔と今とではまったく異なる30銘柄になっています。唯一、ニューヨーク・ダウが算出された当時から組み入れられていたのはGE（ゼネラルエレクトリック社）でしたが、業績が長らく悪化して時価総額が減少したことを理由に、2018年6月に除外されました。これによってニューヨーク・ダウのオリジナルメンバーは皆、いなくなったのです。

つまりニューヨーク・ダウは常に今の時代にマッチした、将来の成長が期待できる30銘柄で作られたインデックスなのです。いまだに工業株指数と言う名前はついているものの、まさにグロースインデックスであると言えます。ニューヨーク・ダウが常に過去最高値を更新し続けている理由の1つは、ここにあると思います。

同じことはS&P500にも当てはまります。構成銘柄が500銘柄と多いものの、中身を見ていくと成長著しい企業がたくさん入っています。しかも構成銘柄であり続けるための条件が非常に厳しく決められています。具体的には以下のとおりです。

① 米国企業であること

② 時価総額が53億ドル以上あること

③ 流動性が高く、浮動株が発行済株式数の50%以上あること

④ 4四半期連続で黒字の利益を維持していること

そのため、以上の採用基準を満たせずに落ちていく銘柄もたくさんあり、毎年四半期ごとに入れ替えが行われています。ちなみに時価総額が53億ドルということは、1ドル＝110円で計算すると5830億円です。日本企業で5830億円以上の時価総額を持っている企業の数は、2020年9月8日時点で216社しかありません。とにかく構成銘柄であり続けるのが大変なので、銘柄入れ替えという新陳代謝も激しい半面、採用される企業は将来有望なところ

70年間の日米株価指数の推移
（1949年5月末～2020年9月30日）

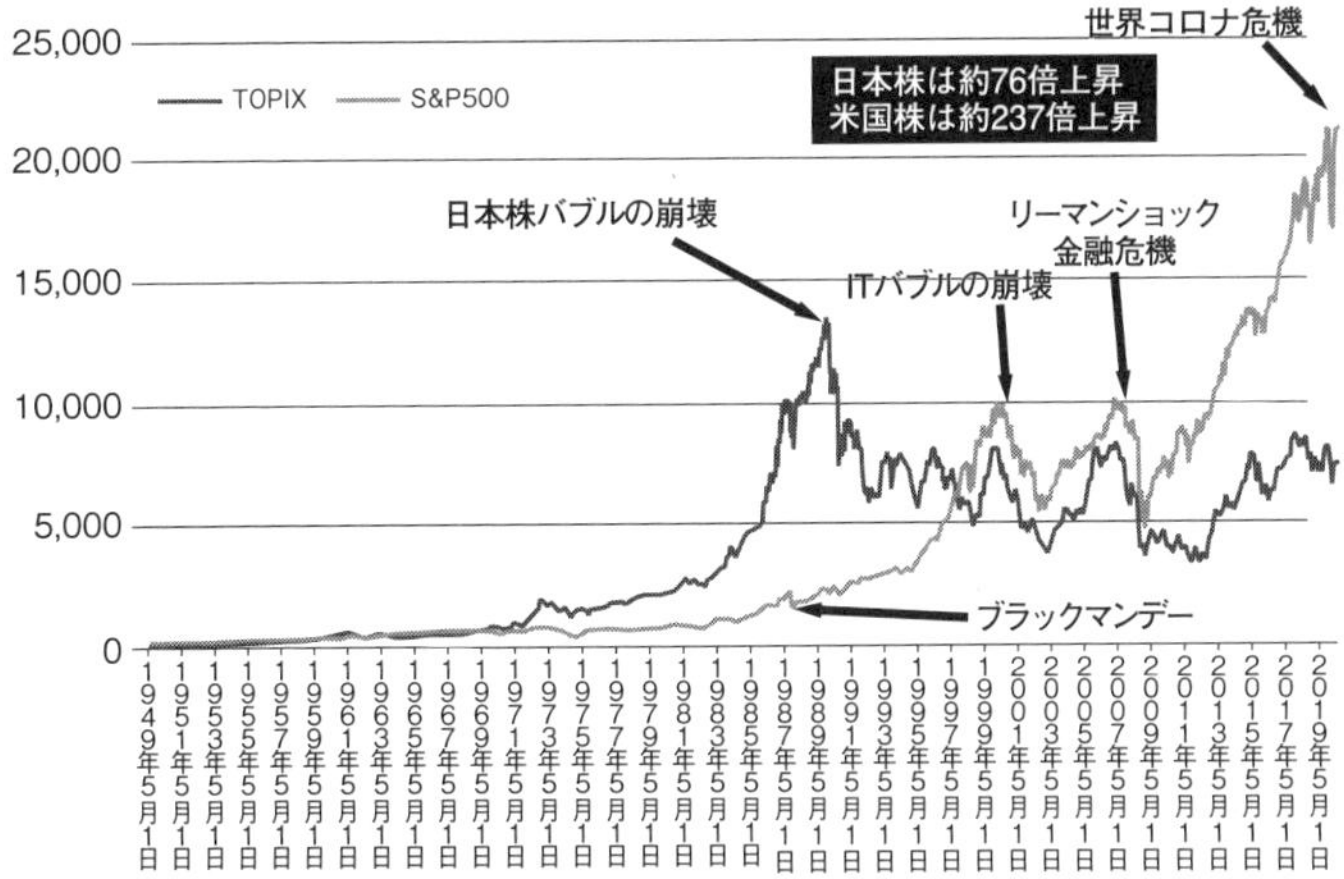

出所：Bloombergより筆者作成。1949年5月末を100とし指数化。

が多いので、S&P500という株価インデックスも長期的に右肩上がりの上昇を続けてきました。

では、日本の株価インデックスはどうでしょうか。東証株価指数は東証1部上場銘柄すべての時価総額をベースにして算出されている株価インデックスですから、成長している企業も、成長していない企業も満遍《まんべん》なく構成銘柄に入っています。日経平均株価は一応225銘柄を抽出して構成銘柄にしていますが、業種で見るとこれまたほぼ満遍なく網羅されているので、成長セクターだけでなく低迷しているセクターにも分散投資することになります。

結果、日本の株価インデックスはなかなか上昇トレンドを描くことができず、投資妙味もほとんどないという状態に陥っているのです。

株式投資は企業が成長する夢に資金を投下します。それは個別銘柄の集合体である株価インデックスにも当てはまります。成長の余地がほとんどないような株価インデックスに投資する意味は、まったくありません。そうだとしたら、常に成長企業をスクリーニングして銘柄入れ替えを頻繁に行っている米国の株価インデックスに投資するほうが、資産を大きく殖やすという観点で合理的です。

サテライト投資に使えるちょっと風変わりなETF

ETFでコア・サテライト投資を行う場合、コアは「S&P500」のような米国株式市場全体の値動きを示すインデックスに連動するETFに投資します。そのうえでサテライトについては、株式市場全体の値動きに連動するものよりも、特定のテーマやセクターなどの値動きに連動する、ちょっと風変わりな、とがった感じのETFを組み合わせます。

要するにコア・サテライト投資は、市場全体の値動きに追随するコア部分と、市場全体に投資していたのでは実現しないより高いリターンをサテライト部分で追求し、平均的なリターンとハイリターンのいいとこ取りをしようというものです。

では、サテライト投資に面白そうなETFをいくつかご紹介しましょう。いずれもこれから長期にわたり、成長が期待できる分野に投資するうえで有効なETFばかりです。

【ルネサンスIPO】（IPO）

米国株式市場で直近にIPOをした銘柄で構成されている「ルネサンスIPO指数」への連動を目指すETFです。S&P500などの主要株価指数に採用される前の有望な企業が選ばれており、2020年の年初から10月30日までのパフォーマンスは62・9％とS&P500の1・21％の上昇率だけでなく、NASDAQ総合の上昇率である21・6％をも上回っています。

その値動きをチェックすることで、IPOマーケットのセンチメントを理解するのに有効です。現状、日本国内から投資できないのが残念ですが、将来有望なETFなので、ファンド名を頭の片隅に置いておきたいところです。

保有上位銘柄はズームビデオコミュニケーションズ、ウーバー・テクノロジーズ、ピンデュオデュオ、モデルナ、蔚来汽車（ニオ）などです。

【バンガード米国増配株式ETF】（VIG）

バンガードは世界で初めてインデックスファンドを世に送り出した運用会社で現在、世界で最大級の運用資産額を持っています。

このETFは、「NASDAQ米国ディヴィデンド・アチーバーズ・セレクト指数」への連動を目指すもので過去10年間、連続増配している米国企業の普通株式が組み入れられています。

保有銘柄数は215で、上位保有銘柄はマイクロソフト、ウォルマート、プロクターアンドギャンブル、ジョンソンエンドジョンソン、ビザなど、米国を代表する有名企業が並んでいます。

【GLOBAL X サイバーセキュリティETF】(BUG)

企業にとって、自社のシステム・ネットワークをサイバー攻撃から守ることは最重要課題であり、これからもその重要性は変わらず、サイバーセキュリティの技術を提供している企業は長期にわたり恩恵を受けるはずです。

このETFは、サイバーセキュリティの技術を持った企業を構成銘柄としています。上位保有銘柄はゼットスケーラー、クラウドストライク、オクタ、パロアルトネットワークス、チェックポイント・ソフトウエア・テクノロジーズなど28銘柄です。

【ロボ・グローバル・ロボティクス&オートメーション】(ROBO)

「ストックス・グローバル・ロボティックス&オートメーション・インデックス」への連動を

目指すＥＴＦです。将来的に製造業は、工場に人は不要になり、ロボットによるオートメーション化が実現するでしょう。

上位保有銘柄はエヌビディア、インテュイティブサージカル、サービスナウ、マテリアライズ、カーディックスなどで、米国のＩＴ製造業株式を構成銘柄にしています。

【インベスコ・グローバルウォーター】（CGW）

「Ｓ＆Ｐグローバルウォーター指数」への連動を目標にしたＥＴＦです。

水は「ブルーダイヤモンド」と言われているように、世界でも極めて希少な資源の１つです。日常、蛇口をひねれば飲める水が出てくる日本にいると気づかないのですが、安心して蛇口から出てくる水を飲める国は、世界でも本当に少数です。

地球は「水の惑星」などと言われていますが、その98％は海水なので飲用には不向きです。残り２％が淡水で、その大半は南極や北極の氷山であり、陸上生物が利用できる水は全体の0・01％にも満たないと言われています。水資源の危機と同時に、その問題解決に挑む企業の将来は有望と考えられます。

同ＥＴＦの上位保有銘柄はアメリカン・ウォーター・ワークス、ザイレム、ハルマ、ギーベリッツ、ペンテアなど。

【インベスコ世界クリーンエネルギーETF】(PBD)

「WilderHill New Energy Global Innovation指数」に連動することを目指すETFです。

クリーンエネルギーは今後も継続的に、長期的に注目される投資テーマといっても良いでしょう。人々が生活していくうえでエネルギーは必要不可欠なものですが、一方で火力発電による地球温暖化現象、原子力発電所事故など、さまざまな問題を抱えているのも事実です。その課題解決のため、風力や水力、バイオマスなど再生可能エネルギーが注目されています。

このETFは再生可能エネルギーの推進や保持事業に従事する世界の上場企業を構成銘柄としています。上位保有銘柄は蔚来汽車(ニオ)、リベントコープ、晶科能源控股(ジソコソーラー)、サンパワー、プラグパワーなど。

【ヴァンエック・ベクトル・アグリビジネスETF】(MOO)

「MVISグローバル・アグリビジネス・インデックス」への連動を目標とするETFです。

アグリビジネスも地球環境と並んで、これから世界中の人々が直面する課題を解決することが期待されています。地球人口がいずれ100億人に達すれば、地球環境が悪化するリスクだけでなく、世界中で食糧危機が勃発する恐れがあります。それだけに、アグリビジネスに寄せられる期待は非常に大きなものがあります。

保有銘柄はディア、ゾエティス、アイデックスラボラトリーズ、バイエルなど。

【グローバルXソーシャルメディアETF】（SOCL）

「ソルアクティブ・ソーシャルメディア・インデックス」に連動する投資成果を目指すETFです。おもに米国およびアジアのテクノロジー株を保有しています。

上位保有銘柄にはフェイスブック、ネイバー、ツイッター、テンセント、スナップなど、AIの技術を持っている、もしくは貢献する技術を持っている企業が入っています。保有銘柄数は41。

【グローバルX　AI&ビッグデータETF】（AIQ）

「Indxx Artificial Intelligence and BigData Index」への連動を目標とするETFです。AIやビッグデータが将来的に、さらに大きく伸びるビジネス分野であることは、疑いのないところです。

保有銘柄はセールスフォース・ドットコム、クアルコム、エヌビディア、Meituanなど。

【グローバルX　ミレニアルズ・シーマティックETF】（MILN）

「Indxx Millennials Tematic Index」への連動を目標とするETFです。ミレニアル世代の行動様式や好みの製品を作ったり、サービスを提供している企業で構成されている株価指数です。今後ミレニアル世代の消費活動が経済に影響力を与えてくる過程において恩恵を受ける銘柄群です。

保有銘柄はスクエア、ペイパル、ロウズ、アップル、スポティファイなど82銘柄です。

IPO、CGW、PBWは2020年12月3日現在、国内届出がされていません。

第4章

実際に
投資をしてみよう

証券会社に口座を開こう

初めて米国株式に投資する人にとっては、どこで口座を開けばよいのか迷ってしまうと思います。

なかには「銀行でも買えるの？」と思っている方もいらっしゃるかもしれません。最近は銀行も投資信託のようなリスク商品を扱っているので、米国株式も買えるのではないかと思ってしまうのも無理のないことだと思います。

でも、残念ながら皆さんにとって一番身近な金融機関である銀行は、米国株式の売買を仲介することはできません。それはあくまでも証券会社のお仕事です。ということで、もし米国株式に投資しようと考えているのであれば、まずは証券会社に口座を開く必要があります。

ところで証券会社といってもリアル店舗を持っている証券会社と、インターネット証券会社の2つがあります。私は今、マネックス証券というインターネット証券会社で外国株式のコンサルタントの仕事をしているので、やはりインターネット証券会社に口座を開きましょうと言いたいところです。それでも個人の皆さんの側に立って公平な立場で申し上げるなら、やはりインターネット証券会社に口座を開くべきだと思います。なぜならリアル店舗型の証券会社で米国株式を買おうとすると、手数料などのコストが割高だからです。

もちろん本書では米国株式の短期トレードをお勧めするつもりはなく、できるだけ長期投資をしていただきたいと考えています。その点ではあまりコストに神経質になる必要はないのですが、それでもできるだけコストは割安であるに越したことはありません。

それに、取扱銘柄も圧倒的にインターネット証券会社のほうが多いでしょう。たとえば某大手証券会社が扱っている米国株式の銘柄数は７００銘柄ちょっとです。これに対して手前味噌で恐縮ですが、マネックス証券が扱っている米国株式は３８５２（２０２０年10月30日現在）銘柄もあります。確かに銘柄数が多過ぎると選ぶのに迷ってしまうという意見もありますが、大は小を兼ねますし、銘柄が多ければ多いほど、お宝銘柄を発掘するチャンスにも恵まれます。

以前は口座を開設するのに、インターネット証券会社といえども数日間はかかったのですが、今はオンライン口座開設が可能になったので、最短だと口座開設を申し込んだ翌営業日には口座を開くことができます。

売買するにはコストがかかる

米国株式の取引を始めるために証券会社に口座を開いたら、次はその口座に投資するためのお金を入金する必要があります。一般的には証券総合口座に円で資金を入れた後、外国証券取引口座に移す際に円をドルに替えてから、米国株式に投資します。つまり「円売り・ドル買い」の取引を行うのです。この手続きはすべてインターネット上で行うことができます。

この口座間の資金移動については、証券会社によって仕様が異なるので、ここであえて細かく言及するつもりはありません。自分が口座を開いた証券会社のホームページで確認するか、もしくはリアル店舗型の証券会社で取引するという方は、営業担当者や支店窓口の人に質問すれば丁寧に教えてくれるはずです。

いよいよ円をドルに替えて米国株式に投資するわけです。円をドルに替えた時点で「為替手数料」がかかってきます。為替手数料の料率は証券会社によって異なりますので、これも自分が口座を開いた証券会社のホームページで調べるか、もしくは電話をかけて確認しておいたほうが良いでしょう。

ちなみにマネックス証券の場合、円をドルに替える場合は無料。逆に米ドルを円に替える場合は1ドルにつき25銭が為替手数料として取られます。なお、購入時の為替手数料は無料という点については、あくまでも現時点での話です。マネックス証券はこの部分を定期的に見直しているため、現在は為替手数料が無料でも、将来的には一定の為替手数料が取られることになる可能性はあります。

米国株式に投資する場合は、為替手数料以外にもコストがかかってきます。1取引につき約定代金の0・45％が手数料としてかかります。なお手数料は上限が決まっており、最大で20ドルです。たとえば約定代金が1500ドルだとしたら、その0・45％である6ドル75セントが取引手数料になります。もちろん売却する際も同じ料率の手数料が適用され、通常の手数料に加えて約定代金1ドルにつき0・000221米ドルの現地手数料がかかります（2020年12月3日現在）。

また注文可能時間は、米国の株式市場が開いている時間帯になりますから、日本時間だと夜から翌日朝までになります。

米国の立ち合い時間は現地時間の9時半から16時までです。この時間帯を日本時間にすると、夏時間が適用される期間は22時半から翌日5時までであり、冬時間が適用される期間は23時半から翌日6時までになります。米国の場合、3月第2日曜日から11月第1日曜日までがサマータイム（夏時間）の期間であり、それ以外が冬時間になります。

なお米国の株式市場は、立ち合い時間の前と後に「プレ・マーケット」と「アフター・セッション」という時間外取引が可能な時間帯があり、この時間帯に売買発注することもできます。実際に注文を出すに際しては、「指値注文」ができます。

税金について

米国株式で生じた収益については、日本株を取引したのと同様に税金がかかってきます。特定口座か一般口座のいずれかを選択するのも日本株と同じです。

特定口座の場合、「源泉徴収あり」と「源泉徴収なし」を選択できます。源泉徴収ありを選んだ場合、売却益は源泉徴収され、原則として申告は不要です。また配当金については源泉分離課税になります。外国税額控除を受けたい人は確定申告をしたうえで総合課税か申告分離課税のいずれかを選びます。もちろん確定申告をするかどうかは任意なので、しないという選択肢もあります。ただし、その場合は外国税額控除を受けられません。外国税額控除については後ほど詳しく説明します。

次に、特定口座でも源泉徴収なしを選択した場合、あるいは一般口座を選んだ場合です。売却益に対する税金は確定申告によって申告分離課税扱いになります。ただし配当金については源泉分離課税扱いになりますので、任意で確定申告することができます。これも外国税額控除を受けたい人は確定申告をしたうえで、総合課税か申告分離課税のいずれかを選びます。また確定申告をしない場合は、外国税額控除を受けられません。

外国税額控除とは、二重課税を調整するためのものです。米国株式投資で得た収益のうち、売買益は原則として米国で課税されませんが、日本国内においては日本株の売買益に対する課税と同様、売買益の20・315％が税金として徴収されます。

一方、配当金に対する税金です。米国株式の場合、米国と日本の両方で課税される形になります。これを二重課税と言います。特定口座の源泉徴収ありを選んだ場合、あるいは特定口座の源泉徴収なしか一般口座を選んだ場合も、配当金については米国で10％、さらに日本で20・315％が徴収されてしまうので、いずれについても確定申告をすることによって外国税額控除を受け、外国で課せられた税額を日本の所得税や住民税から差し引くことで、実質的に配当金に対する税率を20・315％にします。

ただ確定申告をするかどうかはあくまでも任意なので、いちいち確定申告をするのが面倒だという人は、米国で課税される10％は諦めるという選択肢もあります。10％が物凄い金額になるほど大口投資をしている人なら、外国税額控除も意味があります。でも少額投資であれば、確定申告にかかる手間を考えると、外国税額控除は受けなくても良いのかもしれません。ここは個々人の価値観によります。

基本スタンスは長期投資

さて、ここから先は米国株式投資で成功するためのポイントについて考えてみましょう。これは基本のキといっても良いのですが、米国株式投資で自分の資産を大きく殖やしたいと思うなら、ずっと持ちっぱなしにすることです。

非常に興味深い米国の個人投資家のパフォーマンスについてのデータをご紹介しましょう。投資家の投資行動を分析しているダルバーの調査によりますと、2015年12月31日までの20年間のS&P500の毎年の平均リターンは9・85％であったのに、同期間の株式投資信託の投資家のリターンは5・19％だったといいます。市場のリターンは10％近くもあったのに、実際のところ個人投資家はその半分近くしか恩恵をうけていないということです。これはなぜかを考えますと、人の弱さが反映されているのです。つまり上がってくると買いたくなり、下がってくると売りたくなるという心の誘惑に負けているのです。最近では2020年の3月、コロナに端を発した株価の暴落が経験すると、株を持っていることが我慢できなくなり売ってしまった個人投資家が大勢いました。これは投資信託でも同じです。

私はセミナー等で「STAY INVESTED」の単語をスライドでお見せしています。STAY INVESTED、つまり投資をし続けること、言い換えると売らないということです。不必要な売買を繰り返してしまうと投資のリターンが低くなり、せっかく長期的に上昇するであろうマーケットに投資をするメリットがなくなってしまいます。

なぜ成長し続けられるのかについては、これまで触れてきたとおりです。米国はまだまだ人口が増え続けます。世界中から優秀な若者が米国で学びたいと集まり、学んだあとは米国のグローバル企業に入り、その優秀な頭脳を活かして企業の成長に貢献するというエコシステムが機能しています。そして多くのテック企業が米国発の製品、サービスを開発して、世界市場を開拓しています。

それに加え、米国は世界でもっとも強い軍事力を持ち、使用言語である英語は国際共通語であり、米国の通貨である米ドルは世界の基軸通貨として、さまざまな貿易決済に用いられています。法治国家であり、いきなり言論の自由が封殺されるようなこともありません。

これだけの強みを持つ国は、世界を見渡してもほぼないといっても良いでしょう。確かに最近は中国が経済力をつけて台頭してきてはいます。ただし政治的には共産党一党独裁であり、彼らが香港に対して行ったことからすれば、米国をはじめとする世界の自由主義陣営が共産党一党独裁のもとに膨張している中国を、このまま看過するようなことはないでしょう。世界経済は、まだまだ米国を中心に回るということです。

こうした米国の成長ストーリーを前提にすれば、米国経済の成長はまだ当分続くと考えるのが妥当だと思います。だからこそ私は、米国株式は長期投資をお勧めするのです。

本書の冒頭でも申し上げましたが、短期で売り買いを繰り返す取引手法は日本のように経済成長に対する期待がほとんどなく、したがって株価が比較的狭いレンジのなかで細かく上昇・下落を繰り返すようなマーケット環境においては、ある程度、投資チャンスを得られます。

しかし、短期売買で利益を着実に積み上げるのはかなり難しく、万人向けの投資法ではありません。短期売買で利益を積み上げるためには、売り時と買い時、つまりタイミングを計らなければなりません。そのためにさまざまなテクニカル分析の方法があるのですが、絶対確実にタイミングを計れるテクニカル分析はありません。つまり再現性に欠けるのです。そのような方法で投資を続けていても、資産はなかなか積み上がりません。

デイトレーダーなどと呼ばれている個人投資家のなかには、短期売買を繰り返して莫大な利益を上げている人も実際にはいます。

でも、そのような人は本当に一握りです。これは実際に自分自身で試してみるとよく分かります。2、3のテクニカル分析を勉強して、それに沿って売買してみてください。もちろん、たまたまタイミングが当たれば利益を得られますが、長く続ければ続けるほど、つまり取引回数が増えれば増えるほど損失が膨らみやすくなります。

理由は２つ考えられます。

第一に、そもそもテクニカル分析は百発百中の魔法の杖ではないこと。よく「チャートの形がこうなっているから上がる」とか、「こんなシグナルが出ているから下がる」などと言う人もいますが、それは絶対ではありません。もしテクニカル通りに売買して必ず儲かるなら、誰もが億万長者になれるはずです。

第二に、肝になるのが投資家にありがちな心理状態の問題です。誰もが損はしたくありませんし、少しでも利益を得たいと考えます。すると少しでも利益が出たところで、それを確定させたい心理が働きます。ところが損はしたくないものだから、自分が買った株価よりも値下がりしても、なかなか損切りができなくなります。そして、「いつか戻るはずだ」という根拠のない期待感を抱いているうちに、損失がどんどん膨らんでいきます。コツコツ利益を積み重ねたにもかかわらず、ドカンと大きな損失を被ってしまうことを数回繰り返すと、利益を積み重ねるどころか、逆に損失が膨らんでしまうという望ましくない状況に陥ってしまいがちです。

もちろん上手に損切りをすれば、短期売買でも利益を積み上げることができるようになるとは思います。それにはかなりの経験と勉強が必要です。その経験も、決して成功体験ではなく、失敗することから学んでいくものです。何度失敗してもめげないだけのメンタル面のタフさも

S&P500
プラスの年の確率＝73%
平均リターン＝11%

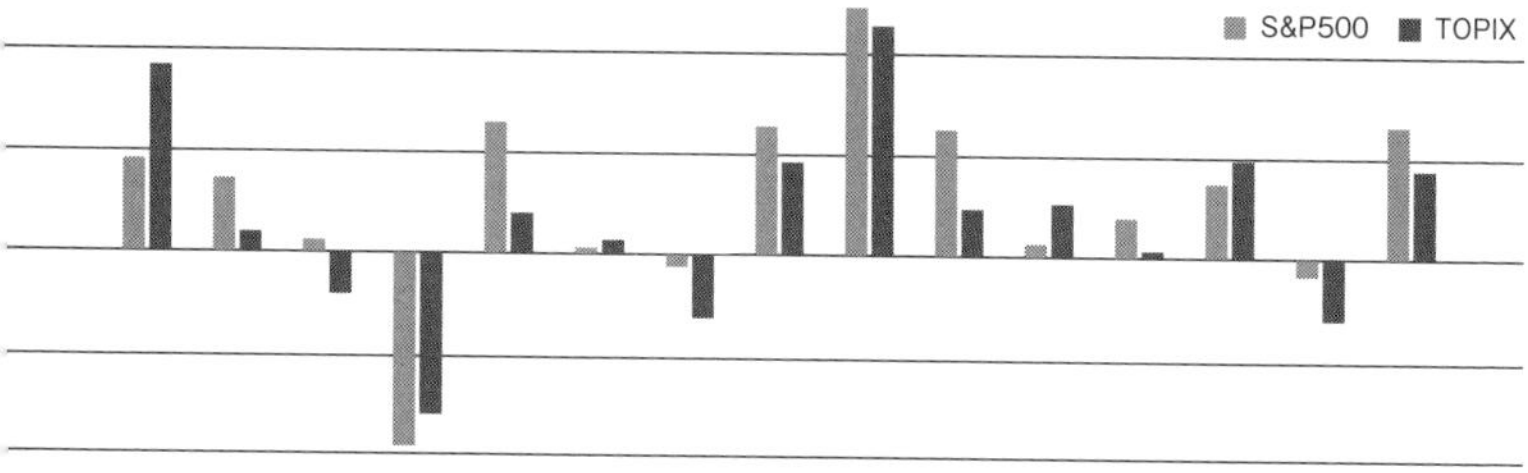

2005	2006	2007	2008	2009	2010	2011	2012	2013	2014	2015	2016	2017	2018	2019
21%	17%	-1%	-49%	30%	0.3%	-3%	31%	61%	29%	2%	9%	18%	-7%	30%
45%	3%	-11%	-41%	8%	1%	-17%	21%	54%	10%	12%	0.3%	22%	-16%	18%

米株が日本株のリターンを上回った確率＝63%
リターンの差の年間平均＝9%

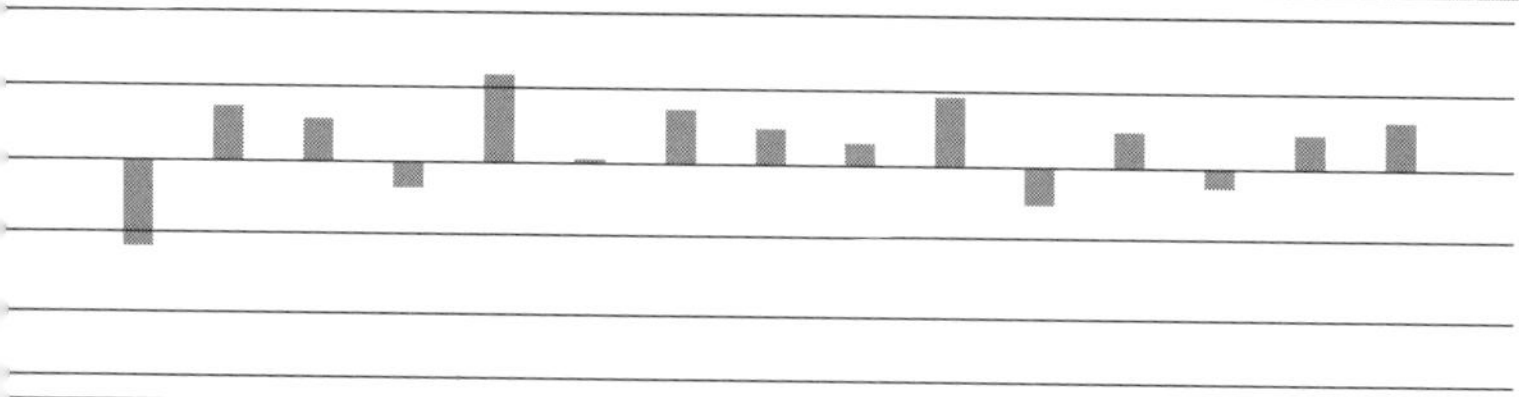

2005	2006	2007	2008	2009	2010	2011	2012	2013	2014	2015	2016	2017	2018	2019
-24%	14%	10%	-8%	22%	-1%	14%	10%	6%	19%	-10%	8%	-5%	9%	12%

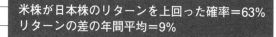

日米株価　30年間の年間リターン比較（円ベース）

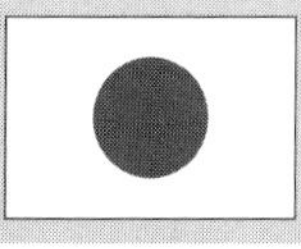

TOPIX
プラスの年の確率＝57%
平均リターン＝２％

S&P500 vs. TOPIX
（配当金の再投資を含むトータルリターン）

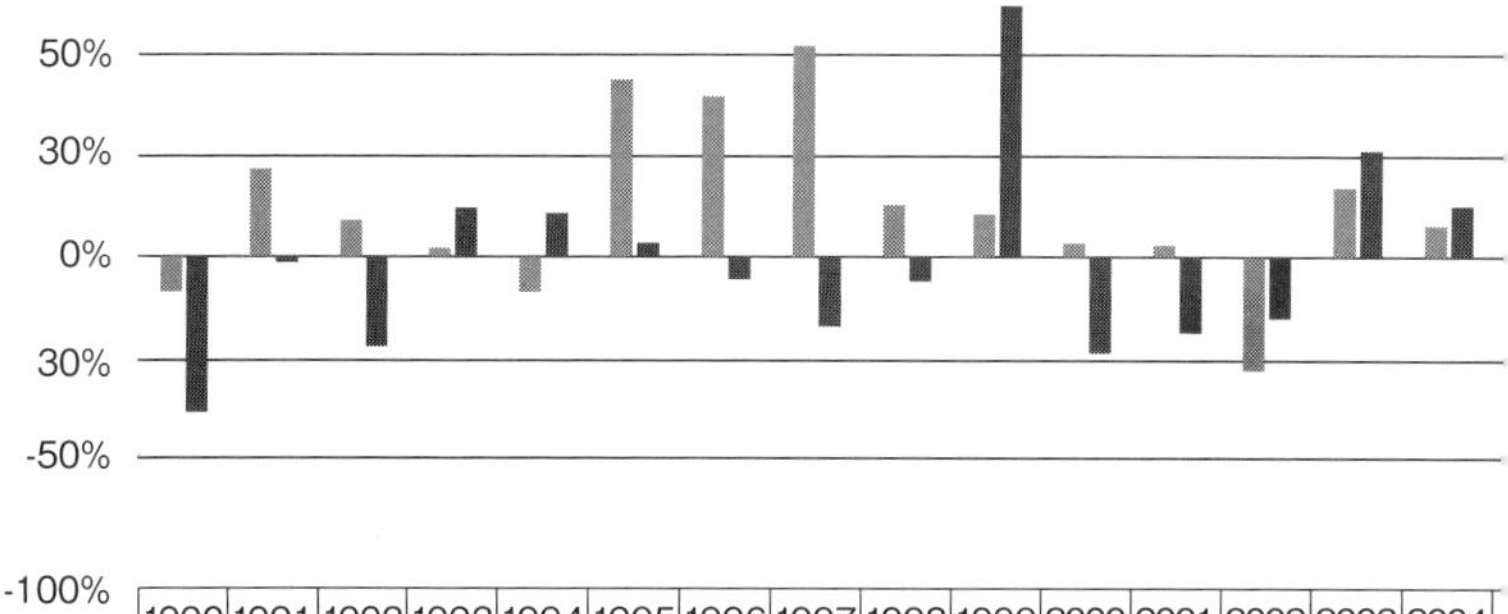

	1990	1991	1992	1993	1994	1995	1996	1997	1998	1999	2000	2001	2002	2003	2004
S&P500	-9%	20%	8%	-1%	-10%	43%	38%	50%	12%	9%	2%	1%	-30%	16%	6%
TOPIX	-39%	-0.4%	-23%	11%	9%	2%	-6%	-19%	-7%	60%	-25%	-19%	-17%	25%	11%

S&P500 - TOPIX リターンの差
（配当金の再投資を含むトータルリターン）

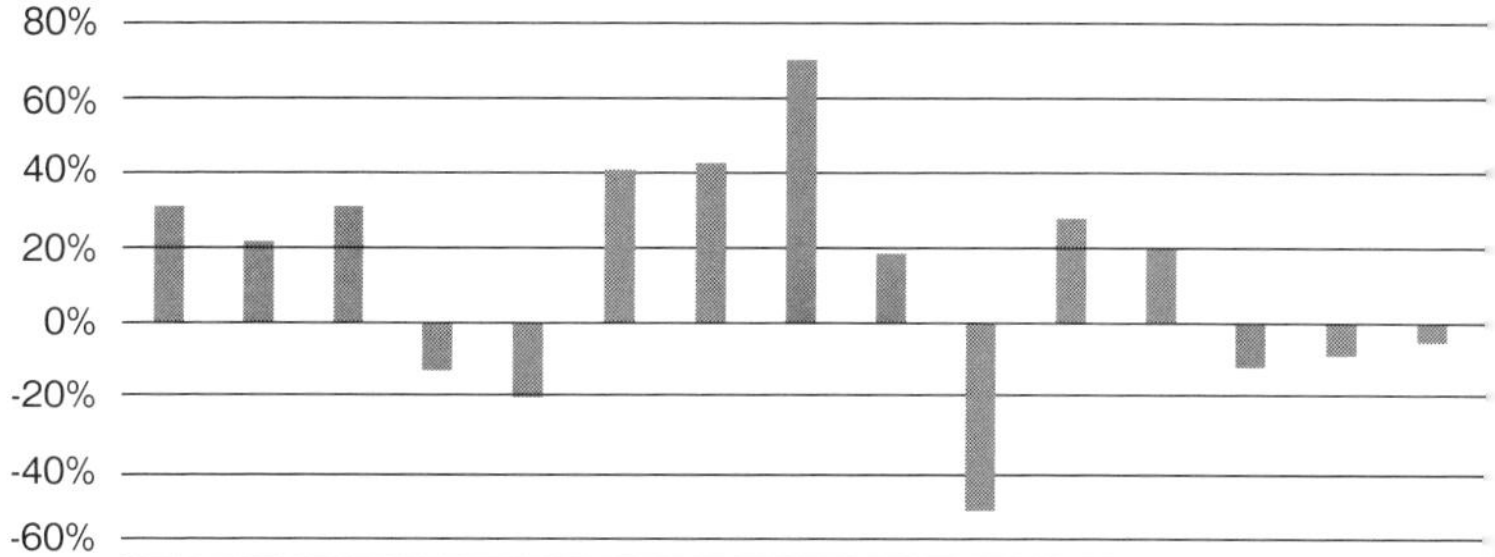

	1990	1991	1992	1993	1994	1995	1996	1997	1998	1999	2000	2001	2002	2003	2004
リターンの差	31%	20%	31%	-12%	-19%	41%	44%	70%	18%	-51%	27%	20%	-12%	-9%	-6%

出所：Bloomberg より筆者作成

求められます。

これに対して長期投資は、長期的な経済成長が見込める国の株式市場に投資して、そのまま放っておけば利益が積み上がるという投資法です。前述したように銘柄選びに自信が持てない、あるいは面倒というのであれば、S&P500のような株価インデックスに連動するETFを購入しても、十分なリターンが期待できます。もちろん個別銘柄を選別して投資すれば、より高いリターンが実現する可能性が高まります。

実際に数字で見ると、長期投資がいかに理に適った投資法なのかということが分かると思います。

前ページグラフは1990年から2019年末までの30年間のS&P500配当込み指数とTOPIX指数の年次リターンの比較を示したものです。TOPIX指数が57%の確率でプラスのリターンを出してきた一方で、S&P500は73%の確率でプラスのリターンを実現しています。S&P500の年間平均リターンが11%であるのに対して、TOPIXは2%のリターンです。S&P500は2002年には電力・ガスのエンロンや通信大手のワールドコムが粉飾決算絡みで経営破綻したことを反映してマイナス30%と大幅に下落。2008年はリーマンショックによってマイナス49%と急落しましたが、それを除けばこの30年間でS&P500が年間でマイナスになった年でも、マイナス幅はほぼ1桁に過ぎません。

この30年間で米国株が日本株のリターンを上回った確率は63％で、そのリターンの差は年間9％となっています。この歴史的な日米株のパフォーマンスの差は、リターンを競いあう投資の世界においては決して無視できる数字ではありません。言い忘れましたが、このS＆P500のリターンは、円ベース、つまり日本人が為替にリスクを取っても得ることができたリターンです。

長期的な投資であればその期間が長ければ長いほど、円高ドル安からくる為替のロスも、株価の上昇や配当金の再投資によって、それほど気付かなくなるのは歴史が証明するところです。また、逆にドル安の局面があれば、それは米株を投資するために必要なドルを安くで買える機会ととらえれば良いのではないかと思います。これも長期的な視点で投資をするメリットであります。

為替についての私の考え方

為替について私は深く触れるつもりはありません。一般的に米国株投資というと円を売ってドルを買ってから米国株に投資をしますので、「為替のリスクがある」と言われます。それは必ずしも間違いではないと思う一方、私はこう考えています。

この考えは簡単で、長期的な投資であればあるほど為替の影響度は薄まり、むしろ株価や配当金の再投資による株式のリターンのほうが、投資全体に与える影響力が強く重要だということです。

実は、1999年末から2020年10月末までのドル建てのS&P500再投資のリターンは233%であるのに対し、円建てのS&P500のリターン、つまり為替のリスクを取って投資をした円ベースの投資家にとってのリターンは241%と、ドルで投資をした米国人のリターンを上回っているのです。リスクとリターンが裏表一体である良い例です。

為替についてはドル高、ドル安と専門家によってそれぞれ言うことがまったく違います。強気派も弱気派もそれぞれもっともらしいことを言います。私は為替ほど大きく外れるものはないと考えており、歴史も証明してきたように、長期投資という観点であればあるほど為替のことは心配しなくても良いのではないかと考えています。前述したとおり、むしろドルが安くなり資金の余裕がある場合は、そこは米国株に長期投資をするために必要なドルが安く買えると考えれば良いと思います。

これだけ全体相場が強いのですから、誰でも簡単に儲かるような気がします。ところが、米

S&P500配当込み指数（円）年次リターン1989年～2019年

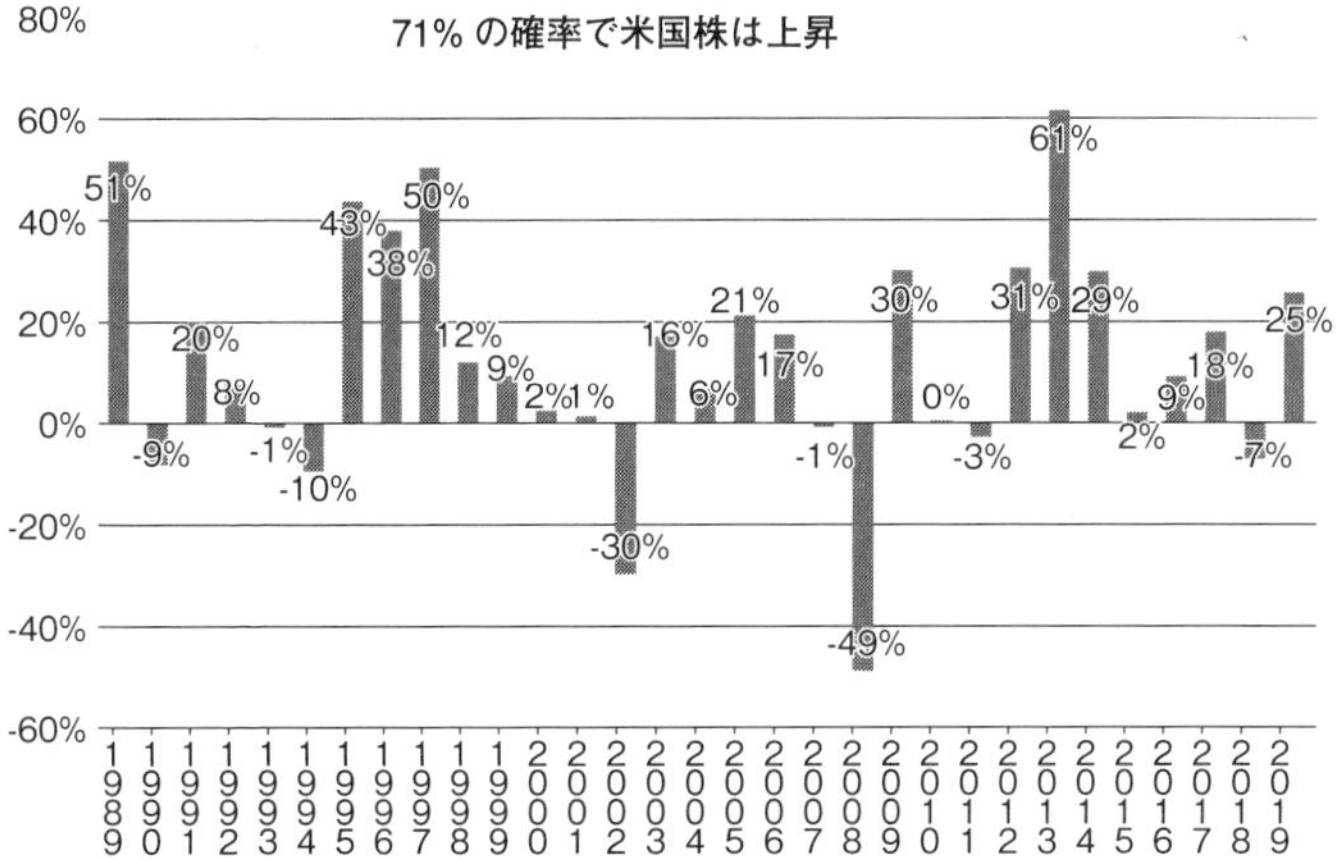

出所：Bloombergより筆者作成。2019年は11月8日まで。

国の個人投資家の平均的なリターンは5%前後と言われています。その理由は、もうお分かりいただけると思います。そう売り買いを繰り返しているからです。

下がると売りたくなる。でも、その下落は上昇トレンドのなかのちょっとした調整局面に過ぎず、さらに上昇してしまう。

上がると買いたくなる。今度は、まだ下降トレンドの最中で、瞬間上がっても再び奈落の底まで落ちていくような下落に直面してしまう。

多くの個人投資家は、これを繰り返しているうちにどんどん損失が膨らんでいき、しまいには「もう投資なんてやりたくない」などと言ってマーケットから退場していくのです。

このような罠に陥らないようにするためには

「ステイ・インベステッド」、つまり長期投資すると決めたら、株価が上がろうが下ろうが売らない。ひたすら保有し続けるのです。だからバフェット氏は、「我々の保有期間は永遠だ」と言っているのです。

こう言うと語弊があるかもしれませんが、米国株式への長期投資はとても簡単で、かつ成功する可能性がもっとも高い投資法なのです。

長期投資の重要性を示すもう1つの証拠をお見せします。

これは何かというと、長い期間投資をすることによってマイナスのリターンが徐々になくなってきたことを示すデータです。たとえば1989年のS&P500の配当金の再投資を含む円建てのリターンは51%のプラスでした。翌年は9%マイナスですが、3年間保有してのリターンは66%のプラス、5年保有し続けると76%のプラス、10年間保有すると427%となり、この投資は大成功といえるでしょう。

その一方、もし2007年末に投資をしてしまったとします。翌年2008年には49%マイナスと最悪のタイミングで投資をしてしまいました。3年間保有しても33%のマイナスですが、5年間の保有で16%のマイナスへと損が減っていき、それが10年間保有すると128%のプラスに転じたのです。

このデータが示すものは、最悪の年に米国株に投資をしても、長期的に保有することにより、

米国株を長期的に保有することでマイナスのリターンはプラスに　（1989～2020年）

年	1年	3年	5年	10年	12年	15年	20年	25年
1989	51%							
1990	-9%							
1991	20%	66%						
1992	8%	18%						
1993	-1%	27%	76%					
1994	-10%	-4%	5%					
1995	43%	27%	64%					
1996	38%	78%	88%					
1997	50%	196%	163%					
1998	12%	131%	199%	427%				
1999	9%	83%	260%	279%				
2000	2%	24%	157%	322%	484%			
2001	1%	12%	89%	255%	290%			
2002	-30%	-28%	-12%	132%	200%			
2003	16%	-17%	-8%	174%	191%	384%		
2004	6%	-13%	-11%	222%	186%	238%		
2005	21%	49%	6%	172%	250%	346%		
2006	17%	49%	22%	131%	354%	335%		
2007	-1%	40%	72%	52%	214%	300%		
2008	-49%	-41%	-24%	-30%	17%	108%	266%	
2009	30%	-34%	-7%	-17%	1%	199%	214%	
2010	0%	-33%	-23%	-18%	-10%	109%	244%	
2011	-3%	26%	-36%	-22%	-20%	47%	177%	
2012	31%	27%	-16%	45%	3%	28%	237%	
2013	61%	103%	165%	100%	64%	84%	449%	869%
2014	29%	172%	164%	145%	202%	119%	688%	728%
2015	2%	112%	168%	106%	163%	118%	460%	820%
2016	9%	43%	200%	92%	171%	134%	342%	733%
2017	18%	30%	171%	128%	163%	292%	246%	811%
2018	-7%	19%	57%	314%	110%	213%	188%	760%
2019	30%	43%	58%	316%	176%	286%	244%	1141%
2020	3%	24%	59%	325%	453%	228%	247%	791%

注：リターンは配当の再投資を含むS&P500トータルリターンインデックスの円でのリターン。2019年は10月14日現在
（出所：Bloombergより筆者作成）

マイナスのリターンをプラスに転じさせることができたということです。仮に最悪のタイミングで投資をしてしまったとしても、マイナスの年に積極的に追加投資をすることにより、その後のリターンが高まり、回復するに要する期間はもっと短くなるわけです。

自分のリスク許容度を知る

米国株式への長期投資はとても簡単で、かつ成功する可能性がもっとも高い投資法なのです。ただし1つだけ絶対に守っていただきたいルールがあります。それは自分自身のリスク許容度を知ることです。

米国株式が今後も上昇していくという蓋然性を持つことができても、なぜか多くの人は途中で売ってしまいます。特に株価が急落した直後の戻り相場で、その動きが堅調になります。

なぜなら恐怖心に駆られるからです。

保有している株式の株価が急落した時に、心が平静でいられる人はほとんどいません。どのインターネット証券会社もそうだと思いますが、自分のアカウントを開くと、現在の評価額やどのくらいの損益になっているのかが表示されます。これは自分がどの程度のポジションを持っているのかにもよりますが、株価が急落している局面では自分のアカウントを開くたびに日々、損失額が数十万円、あるいは100万円単位で目減りしていく事実を見せつけられます。
それでも淡々としていられる人は、よほどメンタルが強いのでしょう。大概の人は、そのような損失額を見た瞬間、株式に投資したことを激しく後悔し、できるだけ早くこの損失地獄から抜け出したいと考えます。そのため株価がどこかの局面で底を打ち、徐々に上昇していく局面で、損失額が自分でも納得のいくところまで減るか、もしくは収支トントンになった時に売ってしまうのです。

これでは長期投資になりません。

前にも説明したように、米国の株式市場は幾度となく大きな下げに見舞われています。大昔は1929年の大暴落。ここ数十年でも1987年のブラックマンデー、2000年のITバブル崩壊、2008年のリーマンショックと来て、2020年3月にはコロナショックで急落しました。

でも、よく考えてみてください。株価が急落した時には、それこそ「100年に1度の下落」とか、「米国の株式市場の終わり」といった見出しが新聞や雑誌をにぎわせるものの、すべて急落した分を埋めたうえで、株価は史上最高値を更新し続けてきています。今回のコロナショックもそうです。たとえ株価が急落しても、持ち続けることができさえすれば、いつか株価は元の水準を超えて値上がりしていきます。絶対という保証はありませんが、過去の株価推移がそれを物語っています。

では、どうすれば投資した株式を長期間、保有し続けられるのでしょうか。

第一に米国経済、あるいは米国株式市場や米国企業の実力をどこまで信じられるかでしょう。もちろん経営面に大きな問題を抱えていて、株価が下がり続けているような企業を信じ続けるのは無理です。でも米国の株式市場はコーポレートガバナンスがしっかりしていますから、そういう企業はそもそも株式を上場し続けられません。

逆の言い方をすれば現在、株式を上場している企業には成長期待があって、株式を上場する価値があるところがスクリーニングされた結果と受け止めることもできます。

そういう企業の株式である以上、株価が急落してもいつかは必ず急落前の水準に戻し、さらに値上がりする確度が高いと考えられます。まず、それを固く信じることが大事だと思います。

第二に、ここが一番大事なのですが、自分のリスク許容度を知ることです。

リスク許容度とは、平たく申し上げると「どれだけの損失まで耐えることができるのか」ということです。

これは、人によって大きな差があります。それこそ10万円の損失で真っ青になる人もいれば、100万円単位の損失が生じても平気な人もいます。

このような違いが生じる原因は、各人の性格や保有金融資産の額、年齢、家族構成など、さまざまな要素に規定されるといっても良いでしょう。たとえば独身で若く、それでいて多額の保有金融資産を持っている人なら、かなりの程度までリスク資産への配分比率を高められそうです。独身なら子供の教育費をはじめとして、自分以外の家族とともに生活していくうえで必要なお金を稼ぐ義務感は薄いでしょう。年齢的に若くて保有金融資産の額が大きければ、たとえ一時的に多額の損失を抱えたとしても、若い分だけ時間があるので、数年後に再び株価が上昇に転じるのを待つことができます。

一方、すでに年齢が50代で２人いる子供が大学に通っていて、住宅ローンの残債があり、保有金融資産の額が１０００万円にも満たないという人は、かなりリスク許容度が小さいと思われます。

このように、自分の置かれた状況からリスク許容度を割り出す方法もあります。あるいは単純に自分はどのくらいの金額のお金を失ったら、夜も寝られないくらいに悔しい気持ちになるのかという点をじっくり考えてみても良いでしょう。

もし一度に10万円を失ったら夜も寝られなくなると言うのであれば、それに見合った資金しか株式投資に回してはいけません。たとえばテスラモーターの株価は、ひどい時だと1年間に40％くらい調整するケースがあります。

もし10万円の損失で夜、寝られなくなるという人がテスラモーターの株式に投資するとしたら、最大投資金額は25万円になります。でも、50万円まで損失が生じても大丈夫という人であれば、最大投資金額を125万円まで引き上げることができます。

このようにリスク許容度に合った金額で投資すれば、株価が急落したとしても慌てて狼狽売りせずに済み、結果的に長期投資につながるのです。

投資するタイミングを分散しよう

長期投資はとにかく途中で止めることなく、長期間続けることが大事です。もちろん前述した「自分のリスク許容度を知る」のも大事ではあるのですが、それと同時に長期間投資できるようにするための仕掛けづくりが大事になってきます。

別な言い方をすると、株価が急落しても平静な心を保つための仕掛けといっても良いでしょう。この仕掛けをきちんと作っておけば、株価の急落に怯えるのではなく、むしろチャンスと思えるようになるかもしれません。

その仕掛けとは「分散」です。

分散には2つあって、1つは複数の資産クラス、あるいは同一の資産クラス内で複数の銘柄に投資資金を分散して投資する「資金分散」です。もう1つは投資するタイミングを複数回に分けて投資する「時間分散」です。このうち資金分散については次章で詳しく説明しますので、ここでは時間分散について考えてみたいと思います。

たとえば投資信託の場合、「定時定額購入」というサービスがあります。決まった時（定時）に、決まった金額（定額）で同一の投資信託を買い付けていくサービスです。あるいは「株式累積投資制度」を活用すれば、株式の個別銘柄でも定時定額購入ができます。

定時定額購入のメリットは、常に一定金額で毎月買っていくため、株価や投資信託の基準価額が安い時には購入できる株数ならびに投資信託の口数が増える一方、株価や投資信託の基準価額が高い時は購入できる株数ならびに投資信託の口数が減ります。

これを長期にわたって継続していくと、相対的に株価などが高い時に買った株数や口数が少なくなるのと同時に、株価などが安い時に買った株数や口数が増えます。つまり高値で買うリスクが減る一方、安値で買えるチャンスが増えるのです。そして最終的には平均の買付単価を引き下げることにつながります。

それに、そもそもどこが株価のピークなのか、あるいはボトムなのかを正確に判断できる能力を持っている人はいません。つまりタイミングを計って投資するのは困難であり、だからこそ時間を分散させて投資する意味があるのです。

実際、プロの投資家でも、一度にまとまった金額でポンと投資するような人は、まずいません。日本の株式市場の場合、発行済株式数のうち5％を保有したら、東京証券取引所に株式の大量保有報告を行う義務があります。それが時々、ニュースで流れることがありますが、これも5％の株式を一度に買っているのではなく、本当に時間をかけて、少しずつ買い続けた結果です。

特に大きな資金を動かす機関投資家などの場合、特定の銘柄に一度に数億円、数十億円という資金で買い付けようとすると、それに見合う売り物が出ておらず、自分の買いで株価を押し上げてしまうケースもあるため、なおのこと購入タイミングを分散させるのです。

ただし、株式累積投資制度はあくまでも日本株が対象であり、米国株式はこの制度を用いることができません。インターネット証券会社のなかには米国株式を対象にした積立投資サービスを行っているところもありますが、現状でこの手のサービスを提供しているところは少数です。したがって、米国株式で時間を分散させながら積立型の投資をする場合、毎月決まった日に、等株数を買い付けていくのがもっとも簡単な方法です。等金額投資をしたくても株価によって端数が生じてしまうため、株数を一定にして毎月買い付けていくのです。

以上は米国株式で積立投資をする場合です。なかにはまとまった資金で特定銘柄を買いたいという人もいるでしょう。そういう場合でも、一度に全額投資するのではなく、複数回に分けて投資することをお勧めします。なぜなら、買うタイミングのベストがいつなのかは誰にも分からないからです。

分散する回数は最低でも3回、できれば5回以上に分けたいところです。たとえば投資金額が100万円で、これを5回に分けて投資するとしたら、1回あたりの買付金額は20万円が上限になります。株価と為替レートが常に変動しているので、毎回必ず20万円ぴったりの金額で買えるわけではありません。できるだけ上限額に近いところまで買い付けるようにしてください。

また、たとえば5回に分けて買うとしたら、それをどのくらいの期間でこなすかという問題もあります。もし100万円を5回に分けるなら、連続した5営業日で買い付けるくらいのイメージで良いと思います。

もちろん毎週20万円ずつ5週間かけて買い付けるという手もあります。でも、そもそも積立投資ではないので、あまり時間をかけて買うのもあまり意味があるようには思えません。1週間か、長くても2週間以内に買い切ってしまいましょう。

ちなみに米国株式の場合、株式市場で買い付けられる最低株数は1株なので、結構細かい金額で時間分散投資ができます。特に株価の値動きが激しい（＝ボラティリティが高い）銘柄ほど、一度にまとまった金額で投資すると、高値をつかんでしまうケースもあります。そのため時間分散投資をすることによって、そのリスクを軽減できます。

ところで、時間分散の話をすると必ず出てくる疑問が、「下降トレンドの時に時間分散投資をすると徐々に買値が下がっていくので有効かもしれないが、上昇トレンドの時はどうなんだ？」というものです。

確かに上昇トレンドの時に時間分散投資をすると、初回の買付株価が一番安く、そこから先は徐々に高い株価で買う形になるので、時間分散投資の効果が得られないのではないかという疑問はもっともです。ただ、それでも私は時間分散投資をお勧めします。

なぜなら現実問題として、今後の株価が値上がりするのか、それとも値下がりするのかを当てられる人はいないからです。「株価がいくらまで下がったら買う」などと考えているうちに本格的な上昇トレンドになってしまったら、もう買うことはできません。良いと思う銘柄は買う。その第一歩を記すことが大事なのです。たとえ5分の1の金額でも投資できたのと、結局買えなかったのとでは雲泥《うんでい》の差があります。

特に米国株式は、これからさらに上昇するというのが大前提なので、未来の成功ストーリーを描ける企業が見つかったら、すかさず買うことです。ただし長期的には上昇する可能性が高いけれども、目先で株価は大きくブレるので、高値をつかまないように複数回に分けて分散投資する。それは、たとえ株価が上昇トレンドに入っていたとしても断固として行うというくらいのスタンスがちょうど良いのです。

株価の暴落に備えよう

本書は長期的に成長を続ける米国株式に投資して、短期の売り買いはいっさいせず、長期保有に徹することで資産形成をはかろうという狙いがあります。

もちろん株式に投資するわけですから、株価の暴落に直面することもあるでしょう。大事なのは、その暴落に直面した時、どのような投資行動を取れるかということです。

新型コロナウイルスのパンデミックが経済に及ぼす負の影響への不安から、2020年3月23日にかけて米国株式市場が急落し、それにつれて日本や他の国々でも株価は急落しました。あの状況に直面した時、皆さんはどのような投資行動を取られましたか。

短期売買の投資家は、信用取引でレバレッジをかけて投資しているケースが多く見受けられます。そういう投資をしている人たちは、投資している企業の株価急落に加え、その損失額の拡大によって信用取引を行うのに必要な証拠金の担保価値まで目減りしたため、それ以上、取引を継続できず、損失を実現させてマーケットから撤退した人が結構いたようです。

信用取引の場合、現金や株式を証拠金として担保に入れ、その証拠金に対して3倍程度までの金額で株式投資ができます。100万円を証拠金として差し入れれば、330万円程度まで株式を買えるのです。

ただ、損失が生じると大変です。１００万円の証拠金で信用取引口座を開き、３００万円分の株式に投資した直後から株価が急落して70万円の損失が生じた場合、この含み損は証拠金から差し引かれます。証拠金は１００万円でしたから、ここから70万円を差し引くと証拠金の残高は30万円に目減りしてしまいます。ここまで大きく下がると、この先も取引を継続しようとするならば、新たに証拠金を入れて、証拠金の担保価値を回復させる必要があります。

しかし手持ち資金にゆとりがなく、持っている資産のすべてを投資に回してしまった挙句、株価の急落に直面して損失を抱え込んでいるような人たちは、もうにっちもさっちもいきません。新たな証拠金が払えないというのであれば、投資している株式を売却して撤収する必要があります。信用取引の場合、お金を借りて投資しているわけですから、リスクの取り方次第ではあるものの、大きな損失を被ったら、いかなる理由があるにしても、投資している銘柄をいったん売らざるをえない状況に直面します。

一方、現物株式はそこまでシビアではありません。株価が急落したとしても、いつか株価が回復するまで持ち続けていれば、含み損は拡大するものの、損失は実現せずに済みます。

とはいえコロナショックでは、あの短い時間で株価が急落する様を目の当たりにして、マーケットの恐ろしさを痛感したのではないでしょうか。ましてやリスク許容度が小さいのにそれ

株価は業績が改善する前に上昇し始める傾向がある

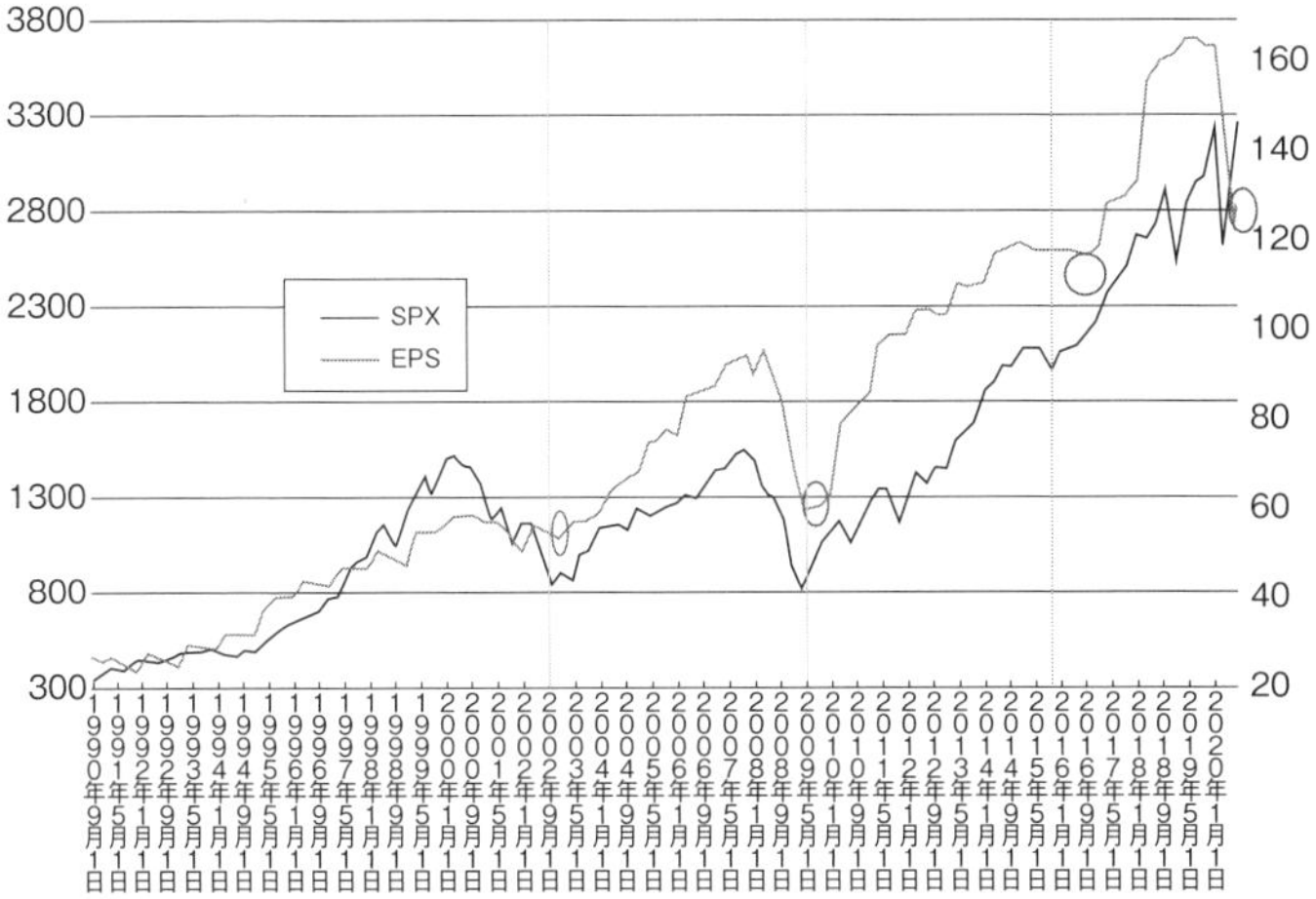

を超えるリスクを取っていた投資家であればなおさら、一刻も早く手持ちの株式を売却して損失を実現し、ホッとしたいという気持ちに駆られたと思います。

このように株価が暴落した時、損失が拡大するリスクを最小限にするため手持ちの株式を売却しようとする投資家がいる一方、長期投資家はまったく違う投資行動を取ります。株価の暴落をチャンスと捉え、逆に安いところを買いに行くのです。

たとえばアップルの株価は、コロナショック前の2月12日に81・80ドルだったのが、3月23日には56・09ドルまで下落しました。

グーグルの親会社であるアルファベットは、2月18日に1519・44ドルを付けた後、3月23日には1054・13ドルまで下落。アマゾン・

ドットコムは、2月19日に2170・22ドルだったのが、3月12日には1676・61ドルまで下落しています。

マーケットの世界に「たら、れば」は禁物ですが、あの下落局面でそれぞれの銘柄を買っていたら、今の株価はどうなっているでしょうか。

直近の高値を見ると、次のようになります。

アップル……137・98ドル（2020年9月2日）
アルファベット……1726・10ドル（2020年9月2日）
アマゾン・ドットコム……3552・25ドル（2020年9月2日）

特にアップルやアマゾン・ドットコムの株価は、安値から見ると倍になっています。したがって、コロナショック後の安値で買い増した投資家は、この半年間でかなり大きな利益を得ているはずです。

大投資家のウォーレン・バフェット氏は2月、3月の株価暴落の後で、次のようなコメントを出しています。

「今回の株価の大きな下げによって、米国企業が持っている価値の何が変わった？　変わらないだろう」

これは米国の株式市場に対する氏の絶対的な自信を示しているものであるのと同時に、株価という「価格」は大きく下げたけれども、米国企業が持っている「価値」は何も変わっておらず、したがって長期的に見れば、株価が安くなった米国企業の株式は買いだということを暗に言っているのだと思います。

私自身、GAFA+Mをはじめとする米国企業について、2030年以降の成長ストーリーを描いているなかで、今回のコロナショックは明らかに絶好の買い場だと思いました。今後も株価が暴落する場面があれば、米国企業の長期的な成長ストーリーが揺るがない限り、買い増しをするチャンスだと考えています。

若い頃から米国株式投資を始めておけば老後資金は怖くない

恐らく本書の読者には若い人たちもいらっしゃると思います。今、若い人の間でも自分の老後の年金に対する関心は高く、公的年金に対して期待できないため、若いうちから貯蓄に励む人も少なくないと聞いています。

でも、いくら貯蓄に励んだとしても、昨今のように預金金利が「ほぼゼロ」の状態では、ただ単に拠出したお金が積み上がっていくだけで、運用収益は一切得られないのが現実です。仮に今後もこの超低金利が続いたとしたら、毎月3万円を銀行預金に積み立てていったとしても、

1年間で36万円。10年間で360万円。30年間で1080万円、40年間で1440万円にしかなりません。

それでもゼロよりは良いのですが、65歳で定年を迎えた後、30年くらい生きるという前提で考えると、この程度の貯蓄額ではいささか心許ないのも事実です。

では、米国株式で積み立てていくと、どうでしょうか。ここではS&P500に連動するインデックスファンドで積み立てたとして、積立開始の年齢別に65歳の時点でどれだけになるのかを計算してみました。一般的に米国株式に投資した際のリターンは年6%が平均といわれているので、それをあてはめて計算します。

Aさんは23歳で積立開始です。65歳を一応のゴールとするならば、積立期間は42年間です。この期間、毎月3万円ずつ積み立てて年間36万円が毎年6%増え、それを42年間繰り返すという計算ですと、65歳を迎えた時の総資産額は約6300万円になります。これだけ資産を殖やすことができれば、多少、公的年金の受給額が減額されたとしても、老後は安心です。

Bさんは30歳から積立開始ですから、65歳までの積立期間は35年間です。この場合、65歳時点の総資産額は約4000万円です。さすがに42年間も積み立てたAさんに比べればかなり見劣りしますが、それでも65歳の時点で約4000万円の積立資金があるというのは、かなり心強いでしょう。ここから老後の生活資金を取り崩していったとしても、それ以外のお金を引き続き年6％平均で運用することを考えれば、十分に老後生活の必要資金をまかなえるはずです。

次に40歳からスタートしたCさんは、積立期間が25年間で、65歳になった時の総資産額は約1940万円です。かなり少ないですね。こうなると、果たして老後資金にどの程度足りるのか、いささか不安になります。

最後にDさんです。積立開始は50歳です。積立期間は15年間で、65歳になった時の総資産額は約800万円です。もちろんゼロよりはいいのですが、やはり老後の生活資金をまかなうには不安です。

この事例からもお分かりいただけるとおり、投資は若いうちから始めるに越したことはないということです。

加えて、いったん始めたら何が何でも続けることがポイントです。積立期間が長くなればなるほど、積み立てている最中に暴落に遭うケースも増えてきます。投資慣れしていない人は、こうした暴落に直面すると、自分の資産が大きく目減りするのを目の当たりにして激しく後悔し、せっかくの積立投資を途中で止めてしまったりします。これでは何のために米国株式に長期投資したのか分からなくなってしまいます。

むしろ途中で暴落があった時は、月々の3万円積立はそのまま継続しながら、スポットで5万円とか10万円を入金し、普段よりも多めの資金で買い増すと、さらに将来の総資産額は増えるはずです。

この手の投資法は、個別企業の株式だといささか面倒というか、現実問題として定額購入する仕組みがないので、ＥＴＦか通常の投資信託のいずれかを活用するようにします。次章で詳しく触れていきますが、コア・サテライト投資のコア部分をＳ＆Ｐ５００などインデックスファンドの積立投資で増やすのと同時に、個別銘柄についてはサテライト部分で投資していくのが、米国株式の長期投資にぴったりの戦略です。

配当投資の重要性

日本株のリターンを考えた時、恐らくほとんどの投資家はキャピタルゲインが主で、配当は従だと思っているでしょう。日本企業はもともと「会社は株主のもの」というよりも「会社は経営者と従業員のもの」という考え方が強かったため、株主を重視した配当政策には消極的でした。

これに対して米国企業の経営者は、株主からの負託に応えるために経営のかじ取りを行っているという考え方が非常に強いため、配当や自社株買いを中心にした株主還元には積極的です。

Ｓ＆Ｐ５００の採用銘柄のうち、「25年以上連続で増配」してきた企業群は２０２０年8月30

日時点で65銘柄あり、それを構成銘柄にした「S&P500配当貴族指数」と称される株価インデックスもあるくらいです。

この手の配当貴族銘柄に投資して受け取った配当金を再投資に回すと、複利効果によってトータルリターンに占める配当のウエイトが高まってきます。

ただ残念ながら今の日本では、米国株式の配当金を全額、再投資に回すシステムがありません。したがって配当金を受け取ったら、それを口座にプールしておき、1株単位で同一銘柄を買える金額になった時点で買い注文を出すようにします。疑似的ではありますが、この方法を用いれば、徐々に複利効果を高めることができます。

しかも、配当貴族銘柄のように毎年増配し続ける銘柄は少ないものの、米国企業は前述したように株主還元には積極的なので、連続増配とまでは行かないにしても、長期で見れば多くの企業が配当を増やしています。

たとえば1999年の大みそかにアップルの株式を買ったとします。現在のアップルの配当金は20・5セントで、これが年4回支払われますから、1年間の配当金合計額は82セントになります。

またアップルの株価は、2020年10月30日こそ108ドル86セントですが、1999年の大みそかの株価は73セントでした。

アップルの株式を1株73セントで購入したとしましょう。その後、同社の配当金は増配を繰り返して、現在の配当金が4回合計で82セントになりました。ということは１９９年の大みそかの株価から見た現在のドル建ての配当利回りは１１２％にもなります。アップル株がまだ安かった時、１００万円を出してアップル株を買っておいたら、１万２５４５株買えましたので、１ドル＝１０５円で換算した現在のドル建て年間配当金額の合計額は約１０８万円にもなります。

これ、とても魅力的だと思いませんか。４００万円程度で買った会社の株式が増配を繰り返しているうちに、いつの間にか投資した金額を超える額の配当金が毎年受け取れるのです。しかもこれから先、さらに増配が続くかもしれません。これが債券だと、Fixed Incomeと言われるように、Income（＝利息）がFixed（固定）されてしまうわけです。これに対して株式の配当は企業業績によって変動します。配当貴族銘柄に見られるように、増配が続く企業に投資すれば毎年のように配当金が増額され、今説明したアップル株のようになる可能性も十分にあるのです。

ただし、このメリットを享受するためには長期投資が大前提になります。投資して1年くらい経過したところで株価が上昇したから売却するといった短期売買をしている投資家は、永遠にこのメリットを味わうことができません。

長期投資といえばウォーレン・バフェット氏です。そのバフェット氏が投資してから、ずっと保有している銘柄の代表がコカ・コーラです。この会社も57年連続で増配を続けている企業です。バフェット氏がこの会社に投資したのは１９８８年で、その年の年末の株価は２ドル79セントでした。投資した時の株価から見た現在の配当金で配当利回りを計算すると59％を超えています。

これだけ配当利回りが高ければ、売却してキャピタルゲインを確保するなどというのは、非常につまらない発想のように感じられてきます。大事なことは、長期にわたって成長を続けられそうな企業に投資して、その成長を信じて株式を持ち続けることなのです。

昔、まだ株価が安かった時に投資できたから、それだけのリターンが得られるという人もいるでしょう。でも米国企業がこれから先も成長するのであれば、第二、第三のアップルやコカ・コーラが出てくる可能性は十分にあります。だからこそ米国株への長期投資をお勧めしているのです。

米国企業のＩＰＯ銘柄は魅力的

ＩＰＯとはInitial Public Offeringの略語で、「株式の新規公開」を意味します。日本でもよく新規上場株式の申込が行われますが、それと同じです。日本の場合は口座を持っている証券会社を通じてＩＰＯの申込を行い、抽選に当たった人に新規公開株が割り当てられます。

あとは、上場初日を待つだけ。有望視されている企業の場合、上場初日の株価が大きく上昇することもあるので、ＩＰＯに当選した投資家は、この上場初日の値上がり益を取りに行くケースが多いようです。

米国株式市場で行われるＩＰＯの場合、日本からＩＰＯそのものに参加することはできませんが、上場初日のＩＰＯ銘柄を買いに行くことは可能です。

ちなみに２０１９年は米国株式市場でＩＰＯが積極的に行われた年で、１４９社が株式公開を果たしました。ライドシェアアプリのＵｂｅｒ、社内情報共有アプリのＳｌａｃｋ、ＳＮＳアプリのＰｉｎｔｅｒｅｓｔ、ファッションブランドのリーバイスなど有名企業の株式公開が相次いだのも、ＩＰＯに対する関心を高めたようです。

その米国ＩＰＯマーケットがなぜ魅力的なのかと言いますと、２０１９年にＩＰＯした企業のラインナップを見ても分かると思うのですが、かなりメジャーな企業が多いことが挙げられます。

これは日本もそうですが、通常、ＩＰＯ銘柄といえばビジネスがまだ立ち上がったばかりの企業が多く、財務体質が脆弱で、業績もトントンどころか赤字というケースが目立っていました。赤字でも、今のビジネスを立ち上げるためには資金が必要なので、それを調達するために投資家に対して事業説明をし理解してもらったうえで株式を上場させ、資金を株式市場から調達するというのが一般的でした。

でも米国にとって、それはもう昔の話です。投資しても、海のものとも山のものとも分からないような企業は、このステージに上ってきません。米国の株式市場では、ＩＰＯまでたどり着いた時点で、将来の成功確率が高いとみなされるのです。

なぜならスタートアップベンチャーのように、まだ将来が見えないような企業にリスクマネーを供給するのは、ＩＰＯではなく、プライベートエクイティ（ＰＥ）だからです。

プライベートエクイティとは、日本語で言うと「未公開株投資」になります。米国では、このプライベートエクイティの市場規模が非常に大きく、そこには将来、第二のアップルやグーグル、アマゾンになれる企業はないかと日々、リサーチを繰り返している投資家が大勢います。この手の投資家の1つがプライベートエクイティであり、立ち上がったばかりのスタートアップ企業に対して資金提供を行っているのです。

資金調達や経営指南も含めて、プライベートエクイティがサポートしているうちに、スタートアップベンチャーには業績面も含めてスケールアップしてもらい、ＩＰＯの基準を満たしたたら株式を公開してもらう。プライベートエクイティは未公開の段階でスタートアップベンチャーに出資しているので、IPOにたどり着いたら手持ちの株式を売却して利益が得られるという仕組みです。

そのため、スタートアップベンチャーにつきものの経営リスクは、プライベートエクイティが出資している段階で、ある程度のところまで弱められ、IPOする頃には優良企業になっているというわけです。

要するにIPO銘柄は経営的に脆弱な企業の集団ではなく、将来の成長が確約されたピカピカの優良企業になるのです。だからこそIPO企業への投資は、ポートフォリオのリターンを高めるうえで必要になってきます。

ただし、日本でIPOに申し込むのと同じように、米国企業のIPOに参加できるのかというと、その答えはノーです。残念ながら、日本の証券会社を通じて米国企業のIPOに参加することはできません。したがって私たちはそれに近い方法で、IPO企業の株式に投資する方法を考える必要があります。

その方法としてもっとも現実的なのは、IPOによって株式を公開した日以降に、複数回に分けてIPO企業の株式を買い付けていきます。これならもうIPOし終えた後になるので、誰にも文句を言われずにIPO銘柄に投資できます。

といっても、上場初日から買いに行く必要はないと思います。なぜなら人気の高い銘柄だと、上場初日に株価がポンと上がるのですが、大抵の場合、そこが最初のピークになるからです。翌営業日から株価が調整して徐々にフェアバリューと思われる水準を探す局面に入っていきます。また、ＩＰＯされた日から１８０日は、創業者やインサイダーが保有株式を売却できない「ロックアップ期間」なので、それが明けると、保有株式を売れるようになった創業者やインサイダーが持株を売ってくることもあり、それが売り圧力になります。

したがって、ＩＰＯ銘柄の株価が上場初日に大きく値上がりしたからといって慌てる必要はありません。株価が落ち着いてきてから複数回に分けて投資していけば良いでしょう。

また、ＩＰＯ銘柄のすべてが人気化するのではなく、なかには人気がないものもあります。そういう銘柄は、たとえば20ドルで値決めをしたのに、上場初日の株価が18ドルというように下で寄り付くケースが多いのです。こうなるとしばらく下げてアンダーバリューになります。そこを丹念に拾っていくのです。

これを私は「落ち葉拾い」と言っているのですが、このようにアンダーバリューで株価が安くなると、ＩＰＯに参加した投資家が期待外れということで売ってきます。結果、さらに株価は下がるのですが、いずれは再評価されて株価が再び上昇トレンドに乗ったりすることも多いので、人気がない銘柄でもチャンスはあるのです。

そして当たり前の話ですが、これらに投資する場合は、会社のことを調べたうえで購入してください。ＩＰＯだから、アンダーバリューだからといって、なんでも買うのでは投資というよりもギャンブルになってしまいます。

米国のＩＰＯ関連情報は、ナスダックのホームページなどに掲載されています。英語表記ではありますが、最近はグーグルなどに翻訳機能が付いているので、これを利用して目を通しておけば、投資の材料としても有効です。ナスダックのＩＰＯ情報が掲載されているホームページのＵＲＬは次のとおりです。

http://www.nasdaq.com/market-activity/ipos

企業の投資家向けサイトを見る

米国企業に投資したいけれども情報が少なくて投資しにくい。あるいは、どういう企業なのかをリアルに知りたいと思っている人も少なくないでしょう。ある程度、投資先が絞り込まれているのであれば、企業のホームページに直接あたるのが良いと思います。

すでに投資していて、保有期間中の企業業績、あるいはニュースなどの情報を集める場合も、やはりホームページを見るのが一番、手っ取り早いはずです。というのも日本で米国企業の情報を得ようと思っても、詳細に記述されている媒体自体がほとんど存在していません。「米国株四季報」もあくまでも季刊なので、年4回しかアップデートされません。常にリアルな情報を求めているのであれば、企業のホームページにあたるしか他に手はないのです。

特にインベスターリレーションズ（ＩＲ）のサイトに行くと、あらゆる企業の情報が入っています。過去の決算発表のデータはもちろん、マネジメントによる経営状態の説明、業界の動向や、そこに占める当社のポジション、オポチュニティがどれだけあるのかなどが事細かに掲載されています。

しかも、それらの情報が非常に分かりやすく整理されています。

確かに英語表記なのである程度の語学力は必要ですが、最近はグーグルトランスレートという翻訳機能があり、それを使えばかなりの精度で翻訳してくれます。

また最近は、企業がユーチューブチャンネルを開設して動画配信も行っています。日本の投資家にとって米国企業のイメージはわきにくい面があるのですが、ユーチューブのようなビジュアルで見せるコンテンツをチェックすれば、米国企業に対するイメージを持ちやすくなるはずです。

たとえばコカ・コーラが最近「Together tastes better」というキャンペーンを展開しているのをご存じでしょうか。

これを文章で見ても、正直なところ何のイメージもわいてきません。でも、コカ・コーラはこのキャンペーンをユーチューブなどのSNSを使って映像で展開しています。この映像を見れば、「Together tastes better」が何を意味したキャンペーンなのかが一目で分かります。

要するに、「コカ・コーラはどの食事にも合いますよ」ということを世界中の消費者に伝えるためのキャンペーンなのです。ユーチューブで「コカ・コーラ Together tastes better」と打ちこんで検索してみてください。世界中の国々の食卓風景が映し出され、家族や恋人たちが食事をするかたわらには、必ずコカ・コーラがあります。この手の映像を見れば、キャンペーンの意図するところが簡単に分かります。これだけでも企業に対する理解力が違ってくるのです。

企業の現状を把握するのに最適な情報源として、苦手意識を持たずに是非一度、インベスターリレーションズのサイトを訪問してみてください。インベスターリレーションズの探し方は簡単です。GOOGLEで、企業名とINVESTOR RELATIONSの単語を入れて検索するだけです。たとえば、アップルですと、「APPLE, INVESTOR RELATIONS」の単語を入れるだけです。

第5章

長期投資に適した
ポートフォリオの
作り方

ポートフォリオってなんだ？

「ポートフォリオ」のもともとの語源は「紙挟み」、「書類入れ」という意味合いで用いられていました。カメラマンなどのクリエイターが自分の作品をファイリングして、これをポートフォリオと言っているケースもあります。要するに、何かを一覧するためのものということです。

欧米では、自分が保有している金融商品の明細書を紙挟みに入れて持ち歩いたという話もあり、そこから転じて保有している金融商品の一覧をポートフォリオと言うようになりました。

私自身、57年間生きてきて思うのですが、「お金がすべてではない」と言われる一方、人生は要所、要所でお金が必要になります。だからこそ働いてお金を稼いでいるわけです。収入と支出のバランスが崩れていると、遅かれ早かれ人生は破綻します。

それはそうですよね。誰しも欲望があって、少しでも良い服を着たい、ブランドもののアクセサリーを身に付けたい、良いクルマに乗りたい、快適な家で過ごしたい、おいしいものを食べに行きたいなどと思うわけですから、いずれもそれなりにお金がかかります。よほど収入があれば話は別ですが、この手の欲望の赴くままにお金を使っていたら常に支出が収入を超えてしまい、そのうち借金に手を出すようになり、徐々に返済が追い付かなくなり、自己破産に追い込まれます。

したがってポートフォリオを考える前段階として、収入と支出のバランスを整えることが何よりも肝心です。

すでに一定額の金融資産を築いていて、それをより効率的に運用したいという人は、この項目を飛ばして、次項以降の具体的なポートフォリオの組み方から読んでください。ところが現時点でほとんど金融資産を持っていない、恐らく年齢的に若い人たちは、収入と支出のバランスをしっかりとって、少しずつでも良いので金融資産を殖やす努力をしてください。

そこで大事なのは、きちんとした計画を立てることです。人生だって、今の会社でずっと働き続けることができる保証はどこにもありません。いきなり会社が倒産してしまった、リストラされたなど、さまざまな理由で働き続けられなくなるケースはいくらでもあります。だからこそ、できるだけ早い時期にどのような状況になったとしても、収入が得られるような仕組みを得る必要があります。

最終的には誰もが歳をとります。不老不死の薬などあるはずもなく、やがて身体能力は衰え、若い頃のように働けなくなります。政府は「人生１００年時代」などと言い、それこそ70歳まで働ける環境を整えようとしています。しかし現実に目を向ければ、そこまで元気に働くことはできても、自営業でガンガン稼ぐような人でもない限り、40代、50代の半ばの人たちに比べれば、収入は格段に落ちます。遅かれ早かれ、誰もが若い頃のようには稼げなくなるのです。「なぜ金融資産を持たなければならないのか」に対する答えが、まさにこれです。歳をとって、自分自身が働いて稼げなくなる分をカバーするために、お金に働いてもらうのです。これが老後に向けて資産形成をしなければならない最大の理由です。

恐らくまだ20代の人たちは、自分が定年を迎える年齢になることなど想像もできないと思います。

ですが自分自身の実感で言いますと、案外早くその時期はきます。20代を何となく過ごしているうちに30代になり、仕事がバタバタと忙しくなる中で40代を迎え、仕事の責任が重くなり、いくつかの重要な仕事を任されて、それらをこなしているうちに50代。もう会社員人生は最終コーナーに差しかかります。そのうえ結婚して子供がいれば、その教育、家族との生活全般、親の介護問題などお金がかかる場面はたくさんあります。こうしたライフイベントをこなしていくうえで必要となる支出が収入をオーバーしないように上手く調整しながら、自分自身の老後に必要となる金融資産を積み上げていかなければならないのです。

このように考えると時間は意外と少なく、資産形成に回せるお金の余裕もあまりないことに気付かれるのではないでしょうか。だからこそ計画を立てることが重要な意味を持ってくるのです。

計画的な資産形成は意外と簡単

まず手元にほとんど「資産」と呼べるものがない、若い人に向けてお話しましょう。「計画的に資産形成をするにはどうすれば良いのか」が、本項のテーマです。

答えは実に簡単です。積立投資を始めましょう。

これは多くの人が言っていることなので、あえて私が細かく説明するまでもないのですが、資産を築く第一歩は積立投資です。積立定期預金という金融商品もあるものの、前述したように預金金利は限りなくゼロ%に近いので、どれだけ長期間積立を続けたとしても、ほとんどお金は増えません。だから、まずは米国株式での積立をお勧めします。

ただゼロスタートの人たちにいきなり個別企業の株式に投資しろと言うつもりはありません。S&P500のETFで積み立てていくだけで十分です。ただし米国上場のETFを自動積立で購入する仕組みを持っている証券会社は少ないので、S&P500に連動する投資信託を自動積立投資で買い続けるというのも良いでしょう。

もっとも自分で買い注文を出して、コツコツと米国のS&P500ETFを買い続けていくという手もあります。指定口座からの自動引き落としを用いた自動積立投資なら、各種口座からの天引きになるので、意志が弱い人でも強制的に積み立てていけます。自分で買い注文を出す積立投資は、「今月は家計に余裕がないから翌月にしよう」とか、注文を出すのを忘れてしまったりすることもあります。この方法で米国ＥＴＦの積立投資を行うには意志の強さが必要です。そこに自信のある人は、米国市場に上場されているＳ＆Ｐ５００のＥＴＦに積立投資をしていくことも可能です。

方法の別はともかくとして、とにかくこれから資産を築いていく人は、毎月コツコツと積立投資をしていくことが肝心なのです。

これは前にも触れましたが、投資を始めるには若い頃からが理想です。毎月3万円をＳ＆Ｐ５００のＥＴＦで積み立てていくだけで、そこから得られるリターンも含めると、定年を迎えるまでの30数年から40年程度の運用期間で、４０００万円から５０００万円程度の金融資産を築くことができるはずです。

もちろん、その途中でポートフォリオを見直しても良いでしょう。たとえばＳ＆Ｐ５００ＥＴＦの積立投資はそのままのペースで継続する一方、ボーナスが入ったとか、定期預金が満期を迎えたといった理由で余裕資金が生まれた時、米国の個別企業の株式や第3章で触れたちょっととがった特色を持つＥＴＦに分散投資させるのです。

いうまでもなく米国企業の株式に投資することで得られるリターンは、Ｓ＆Ｐ５００に比べて高くなるのが普通です。その分、値動きが大きくなるので、きちっとリスクをマネージする必要もあります。でも自分自身のリスク許容度を超えない額で投資していれば、少々株価が調整したとしても、安くなったところを買い増すことによって、より将来の資産の積み上がるペースを速くすることができます。

ちなみに、この「安くなったところを買い増す」ためには、株価が急落した時にいつでも買い出動できるだけの資金面の余裕が必要になります。その分を常時、現金で持っているのが理想です。ところが高齢になって働くことで得られる収入が少ない状態だと、なかなか余裕資金をつくるのが難しくなります。

半面、自分自身に稼ぐ力がある、ある程度若い年齢のうちであれば、収入と支出のバランスを考慮し、常に支出が収入を下回るようにしておけば、差額を貯蓄に回せます。こうしてプールしておいた資金で、株価が急落した時を狙って投資をするのです。

ところで、ここまで考えると次に浮かんでくる疑問は、「円の現金をどのくらい持っておけば良いのか」ということでしょう。

この点について米国のファイナンシャルプランナーたちが常に言っているのは、「半年程度の生活費を現金で持つようにしましょう」ということです。理想を言えば1年程度、何もしなくても済むだけの現金があれば問題ありません。たとえば月々の生活に必要な資金が20万円だとしたら、その半年分である120万円は現金で持つようにします。これは、たとえ失業したとしても、半年くらいあれば何とか次の仕事を見つけられるのではないかということに基づいた考え方です。

120万円を円の現金で用意できれば、残りは全額、投資に回しても良いと思います。この120万円については、端から運用を考える必要はありません。とにかくいつでも現金を引き出せるようにしておくことが肝心ですから、預け先は銀行の普通預金で十分です。

コア・サテライト投資の考え方

さて、ここまで何度となく出てきた「コア・サテライト投資」について少し詳しく説明しておきましょう。

これは株式などリスク資産で運用する部分について、リスクをマネージする際の考え方の1つです。

たとえば定期預金に預けておいた1000万円が満期を迎えたので、米国株式を用いて資産形成のためのポートフォリオを組むことにしたとしましょう。月々の生活費が20万円だとしたら、まずこの1000万円から半年の生活費を外します。半年の生活費が120万円だとしたら、運用に回せる資金は880万円になります。

この880万円で何に投資するかが問題になるのです。たとえばテスラのような株価の変動が激しい株式を1銘柄だけ買ったとしたらどうなるでしょうか。それも880万円で買えるだけの株数を買ったとします。

前述したように、テスラの株価は1年で50％くらいは普通に調整します。つまり880万円を投資した後、50％も株価が下げたら、評価額は880万円が440万円まで目減りします。これに耐えられるかどうかです。

また、そんなことはまずないと思いますが、もしテスラが倒産してしまったら、この880万円は恐らくゼロ円になってしまうでしょう。そうしたら1000万円のうち残るお金は、最初に半年分の生活費として抜いておいた120万円だけになってしまいます。

このようなリスクを最小限に抑えるためにあるのがコア・サテライト投資の考え方なのです。これはS&P500のように市場全体の値動きを取るための部分をコアとし、それ以外はサテライトとして、個別企業の株式や市場全体の値動きは反映しないけれども高い成長が期待できるテーマなどに連動するETFを組み合わせます。

たとえばS&P500が1％下げた時、コア部分にS&P500ETFを持っていれば、自分自身の資産が1％程度目減りしたという見当を付けられます。

もしS&P500が1%しか下げていないのに、自分の総資産が5%も目減りしたら、それはメンタル面でも非常に嫌な感じを受けます。自分のポートフォリオにコア部分を持つのは、ある程度、自分の資産の増え方・減り方をマーケット全体の値動きに近づけるという意味があります。

逆にサテライト部分は、個別企業の株式やテーマ型のETFなどを組み合わせることによって、S&P500のリターンに対してプラスαのリターンを狙いに行きます。つまりS&P500のようなインデックス投資では取れない類のリターンを取りに行くのが、サテライト部分の役目です。

したがってコア部分とサテライト部分の比率をどうするかによって、リスク資産のリスク・リターンに変化が生じてきます。バンガードと並ぶ世界最大級の運用会社であるブラックロック社が推奨している組み合わせの比率は、コアが70%に対してサテライトが30%というものです。

ただ、この比率については個々人のリスク許容度に応じて多少の味付けは必要だろうと思います。なかにはサテライト部分を60%に高める一方、コア部分を40%にする人もいるでしょう。逆にコア部分を80%にして、サテライト部分を20%で運用する人もいるでしょう。もちろん、コア部分を100%にして運用するのもアリです。当然、コア部分の比率が高まれば高まるほ

ポートフォリオの構築法：コア・サテライトの考え方

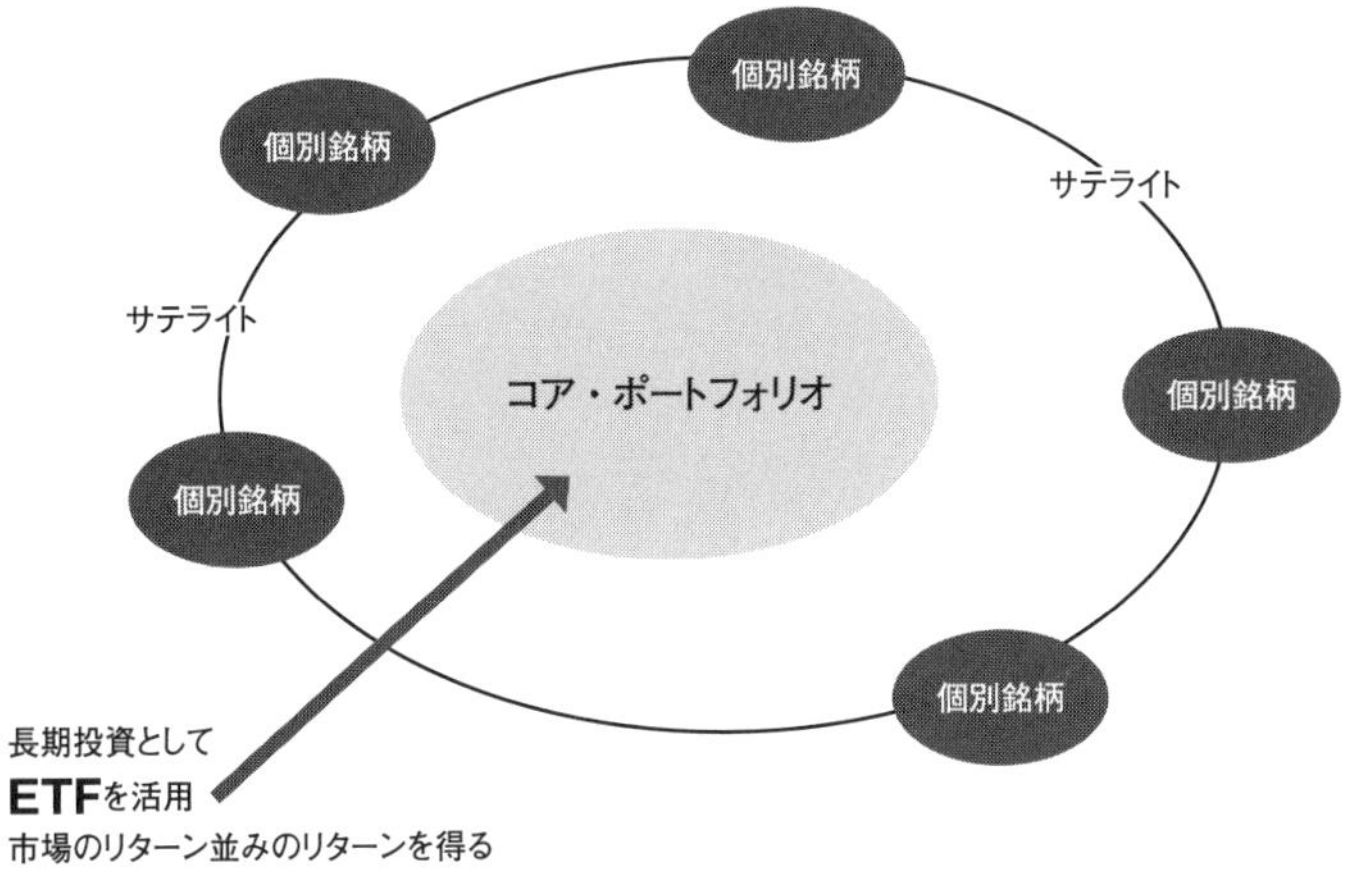

例：S&P500のETFを使い、S&P 500のパフォーマンスに追随させる

ど、ポートフォリオはＳ＆Ｐ５００に対する連動性が強まり、１００％になれば単なるインデックス運用になります。

では、サテライト部分についてはどの程度の分散が必要でしょうか。

私は最低でも5銘柄、できれば10銘柄くらい、銘柄を管理する余裕があれば20銘柄程度に分散しておけば良いと考えます。本書は、米国株の未来は非常に明るいという前提で話を進めているので、コア部分にＳ＆Ｐ５００に連動するＥＴＦを配したら、サテライト部分はすべて米国株式の個別銘柄で良いでしょう。

本書の最後に今後10年間は成長が期待できる米国株式を21銘柄ほど掲載していますので、それを参考に複数銘柄をピックアップしてみてはどうでしょうか。

あるいは3章で触れたようなテーマ型のETFを複数組み合わせるという手もあります。いずれにしてもリスク資産部分のポートフォリオに関しては、インデックス運用も含めて、すべて米国株式に集中させます。

ちなみに「ポートフォリオ」という場合、資産クラスといって株式の他に債券、不動産、コモディティなど、株式以外の資産も含めた資産クラス分散という考え方を披瀝《ひれき》される方もいらっしゃいます。

しかし本書では、そこまでの分散は不要であると考えます。なぜなら今後10年、20年を考えても、米国経済の成長は疑いのないところです。そうならば、わざわざ将来どうなるか分からないような資産クラスにまで大事な運用資金を分散させる必要がないからです。

年齢に合ったポートフォリオと投資の方法

次に年齢に合ったポートフォリオの組み方について考えてみましょう。

昔は、「若い時は思い切ってリスクを取りましょう。でも年齢が上がるにしたがって徐々にリスク資産の比率を減らしていき、60歳の定年を迎えた時には100%近くは債券で運用するようにしましょう」というのが年齢別ポートフォリオの基本でした。

その根拠は定期収入の有無にあります。定年前の現役時代はお給料やボーナスという定期収入があるので、多少、資産運用で損をしたとしても、定期収入で穴埋めできます。しかし定年を迎えて定期収入が公的年金になると、投資の失敗で大きな損が生じた時、穴埋めし切れないというのがその理由です。

でも、今は状況が大きく変わってきました。確かに年功序列賃金で年功に応じてお給料などの額が上がっていき、かつ平均寿命が70歳や80歳ならば、そのような考え方も通用したはずです。ところが今は男性、女性ともに長生きする時代ですから、定年になってからの人生がまた非常に長くなってきました。人生１００年時代というのが事実であれば、65歳で定年になった後、実に35年も生きることになります。

もっとも80歳を過ぎると、恐らくそんなにお金は使わなくなります。60代から70代くらいまでは結構、外出もするようですが、さすがに80代になると60代の頃と同様に外出してお金を使う人は少なくなるようです。とはいえ、これからの時代は家族が少なく、なかには単身者世帯も結構いて、かつ老後の生活を考えると施設に入るケースも増えていくでしょう。

そうなった時に必要になるのが「お金」です。若い人にとっては、想像できないほど遠い未来の話のように感じると思いますが、これは誰にでも必ずやって来る未来です。そうなった時に路頭に迷わないようにするためにも、ある程度のお金の備えが必要になってきます。

ところが定年になった時点で、すべての資産を債券や銀行預金にして、ほとんど金利もつかない状態で運用していたら、そこまでに蓄えたお金を取り崩していくだけになってしまいます。これでは、あっと言う間に蓄えが底を尽いてしまうでしょう。

だからこそ定年をゴールにして投資するのではなく、定年後もずっと投資し続けなければならないのです。

また退職金が入ってきて、それをどうしようか悩まれている方もいるかと思います。ここでは65歳になってから、米国の株価指数に投資を始めた場合のシミュレーションをお見せしましょう。65歳の時に現金２０００万円をＳ＆Ｐ５００に投資をするとしましょう。その期待リターンは毎年６％とします。今までの為替リスクを取った約30年間のリターンが11％ですので、６％とは控えめであり、現実的な期待リターンだと思います。

銀行預金を行った場合、20年間毎年１００万円取り崩したらゼロになります。ですが、このシミュレーションで行くと毎年１００万円を取り崩したとしても20年後の年末には、なんと２７００万円以上のお金が残っている計算となります。もちろん20年間の間には景気後退や予期せぬ大事件もあり、株価の大きな下げを経験することはあるので、まったくこのとおりになるわけではないものの、今までの株式市場のリターンに基づいてこのようなシミュレーションを立てて老後の計画を立ててみることは大切なことだと思います。

銀行預金取り崩しの場合

S＆P500（毎年平均６％上昇）の取り崩しの場合

		現金の場合	毎年の取り崩し額	年末の残高	米国株の場合	1年間の上昇率	毎年の取り崩し額	年末の残高
1	65歳	¥20,000,000	¥1,000,000	¥19,000,000	¥20,000,000	6%	¥1,000,000	¥20,200,000
2	66歳	¥19,000,000	¥1,000,000	¥18,000,000	¥20,200,000	6%	¥1,000,000	¥20,412,000
3	67歳	¥18,000,000	¥1,000,000	¥17,000,000	¥21,636,720	6%	¥1,000,000	¥20,636,720
4	68歳	¥17,000,000	¥1,000,000	¥16,000,000	¥21,874,923	6%	¥1,000,000	¥20,874,923
5	69歳	¥16,000,000	¥1,000,000	¥15,000,000	¥22,127,419	6%	¥1,000,000	¥21,127,419
6	70歳	¥15,000,000	¥1,000,000	¥14,000,000	¥22,395,064	6%	¥1,000,000	¥21,395,064
7	71歳	¥14,000,000	¥1,000,000	¥13,000,000	¥22,678,768	6%	¥1,000,000	¥21,678,768
8	72歳	¥13,000,000	¥1,000,000	¥12,000,000	¥22,979,494	6%	¥1,000,000	¥21,979,494
9	73歳	¥12,000,000	¥1,000,000	¥11,000,000	¥23,298,263	6%	¥1,000,000	¥22,298,263
10	74歳	¥11,000,000	¥1,000,000	¥10,000,000	¥23,636,159	6%	¥1,000,000	¥22,636,159
11	75歳	¥10,000,000	¥1,000,000	¥9,000,000	¥23,994,329	6%	¥1,000,000	¥22,994,329
12	76歳	¥9,000,000	¥1,000,000	¥8,000,000	¥24,373,988	6%	¥1,000,000	¥23,373,988
13	77歳	¥8,000,000	¥1,000,000	¥7,000,000	¥24,776,428	6%	¥1,000,000	¥23,776,428
14	78歳	¥7,000,000	¥1,000,000	¥6,000,000	¥25,203,013	6%	¥1,000,000	¥24,203,013
15	79歳	¥6,000,000	¥1,000,000	¥5,000,000	¥25,655,194	6%	¥1,000,000	¥24,655,194
16	80歳	¥5,000,000	¥1,000,000	¥4,000,000	¥26,134,506	6%	¥1,000,000	¥25,134,506
17	81歳	¥4,000,000	¥1,000,000	¥3,000,000	¥26,642,576	6%	¥1,000,000	¥25,642,576
18	82歳	¥3,000,000	¥1,000,000	¥2,000,000	¥27,181,131	6%	¥1,000,000	¥26,181,131
19	83歳	¥2,000,000	¥1,000,000	¥1,000,000	¥27,751,998	6%	¥1,000,000	¥26,751,998
20	84歳	¥1,000,000	¥1,000,000	¥0	¥28,357,118	6%	¥1,000,000	¥27,357,118
21	85歳	¥0	¥1,000,000	¥-1,000,000	¥28,998,545	6%	¥1,000,000	¥27,998,545
22	86歳				¥29,678,458	6%	¥1,000,000	¥28,678,458
23	87歳				¥30,399,166	6%	¥1,000,000	¥29,399,166
24	88歳				¥31,163,115	6%	¥1,000,000	¥30,163,115
25	89歳				¥31,972,902	6%	¥1,000,000	¥30,972,902
26	90歳				¥32,831,277	6%	¥1,000,000	¥31,831,277
27	91歳				¥33,741,153	6%	¥1,000,000	¥32,741,153
28	92歳				¥34,705,622	6%	¥1,000,000	¥33,705,622
29	93歳				¥35,727,960	6%	¥1,000,000	¥34,727,960
30	94歳				¥36,811,637	6%	¥1,000,000	¥35,811,637
31	95歳				¥37,960,335	6%	¥1,000,000	¥36,960,335
32	96歳				¥39,177,956	6%	¥1,000,000	¥38,177,956
33	97歳				¥40,468,633	6%	¥1,000,000	¥39,468,633
34	98歳				¥41,836,751	6%	¥1,000,000	¥40,836,751
35	99歳				¥43,286,956	6%	¥1,000,000	¥42,286,956
36	100歳				¥44,824,173	6%	¥1,000,000	¥43,824,173

Aさんの場合

	年齢		年初の残高	S&P500トータルリターン指数の変化率	毎年の取り崩し額	年末残高
1	65歳	2000年	¥20,000,000	1.9%	¥1,000,000	¥19,375,058.49
2	66歳	2001年	¥19,375,058	1.1%	¥1,000,000	¥18,597,465.65
3	67歳	2002年	¥18,597,466	-29.7%	¥1,000,000	¥12,078,684.17
4	68歳	2003年	¥12,078,684	16.5%	¥1,000,000	¥13,068,251.57
5	69歳	2004年	¥13,068,252	5.8%	¥1,000,000	¥12,820,295.23
6	70歳	2005年	¥12,820,295	20.7%	¥1,000,000	¥14,478,481.92
7	71歳	2006年	¥14,478,482	16.9%	¥1,000,000	¥15,922,994.74
8	72歳	2007年	¥15,922,995	-1.0%	¥1,000,000	¥14,769,447.74
9	73歳	2008年	¥14,769,448	-48.8%	¥1,000,000	¥6,557,093.03
10	74歳	2009年	¥6,557,093	29.7%	¥1,000,000	¥7,507,039.97
11	75歳	2010年	¥7,507,040	0.3%	¥1,000,000	¥6,529,605.65
12	76歳	2011年	¥6,529,606	-3.2%	¥1,000,000	¥5,322,586.59
13	77歳	2012年	¥5,322,587	30.5%	¥1,000,000	¥5,946,669.29
14	78歳	2013年	¥5,946,669	60.9%	¥1,000,000	¥8,566,854.39
15	79歳	2014年	¥8,566,854	29.4%	¥1,000,000	¥10,088,577.55
16	80歳	2015年	¥10,088,578	1.7%	¥1,000,000	¥9,258,904.52
17	81歳	2016年	¥9,258,905	8.6%	¥1,000,000	¥9,059,241.01
18	82歳	2017年	¥9,059,241	17.6%	¥1,000,000	¥9,652,841.81
19	83歳	2018年	¥9,652,842	-6.9%	¥1,000,000	¥7,990,247.98
20	84歳	2019年	¥7,990,248	30.2%	¥1,000,000	¥9,402,616.70
21	85歳	2020年	¥9,402,617	6.2%	¥1,000,000	**¥8,989,510.76**

取り崩し総額	**¥21,000,000**

では実際に20年前の１９９９年末に定年退職したAさんが、２０００万円を実際に米国株に投資をした場合どうなったかをお見せしたいと思います。

１９９９年末に退職したとして、２０００年から２０００万円を実際に米国株に投資をした場合のケースをご覧ください。米国株の投資にかかる手数料や税金は考慮には入れていません。米国株の投資対象はＳ＆Ｐ５００のトータルリターン指数で円ベースのパフォーマンスですから、為替の変動を考慮に入れたものです。この20年間は

ＩＴバブルの崩壊や世界金融危機といった株式市場が暴落した二大イベントも含まれた20年間ですので、苦労をともなった20年とも言えます。

では、実際のパフォーマンスはどうだったかと言いますと、約21年経った２０２０年10月16日、85歳になった現在９４０万円ほど残っている計算になります。これは退職後３年目で３割ほど株価が下がるという大きなハンディを背負って退職生活を始めたとしても、このような結果だったのです。

では、今度は２００２年の30％の下げた翌年に投資を開始したＢさんの場合です。なんとこの場合は約18年経って１８００万円使った後の残高はほぼ４９００万円と、初期投資の金額の倍以上になってるのです。これは長期的に上昇した株式市場に投資をしたためです。

ＡさんとＢさんの違いは何かというと、Ａさんが投資を始めた時期が３年早く、投資をした翌年の株式市場が大きく下落してしまったことです。では、どうすればＡさんのような事態を回避することができるのでしょうか。このような事態を回避する方法は、時間の分散で投資をすることです。

普通の投資でも私は時間の分散の重要性を説いています。それが退職金などの大金であればあるほど、時間をかけて投資をすることが必要だと思います。そうすることによって、このような事態を防ぐことができます。

Bさんの場合

	年齢		年初の残高	S & P500 トータルリターン指数の変化率	毎年の取り崩し額	年末残高
1	65歳	2003年	¥20,000,000	16.5%	¥1,000,000	¥22,294,345
2	66歳	2004年	¥22,294,345	5.8%	¥1,000,000	¥22,577,326
3	67歳	2005年	¥22,577,326	20.7%	¥1,000,000	¥26,258,555
4	68歳	2006年	¥26,258,555	16.9%	¥1,000,000	¥29,691,988
5	69歳	2007年	¥29,691,988	-1.0%	¥1,000,000	¥28,405,665
6	70歳	2008年	¥28,405,665	-48.8%	¥1,000,000	¥13,534,346
7	71歳	2009年	¥13,534,346	29.7%	¥1,000,000	¥16,559,186
8	72歳	2010年	¥16,559,186	0.3%	¥1,000,000	¥15,608,962
9	73歳	2011年	¥15,608,962	-3.2%	¥1,000,000	¥14,114,085
10	74歳	2012年	¥14,114,085	30.5%	¥1,000,000	¥17,420,721
11	75歳	2013年	¥17,420,721	60.9%	¥1,000,000	¥27,026,024
12	76歳	2014年	¥27,026,024	29.4%	¥1,000,000	¥33,981,354
13	77歳	2015年	¥33,981,354	1.7%	¥1,000,000	¥33,555,066
14	78歳	2016年	¥33,555,066	8.6%	¥1,000,000	¥35,455,555
15	79歳	2017年	¥35,455,555	17.6%	¥1,000,000	¥40,692,501
16	80歳	2018年	¥40,692,501	-6.9%	¥1,000,000	¥36,899,272
17	81歳	2019年	¥36,899,272	30.2%	¥1,000,000	¥47,039,683
18	82歳	2020年	¥47,039,683	6.2%	¥1,000,000	**¥48,975,814**
				取り崩し総額	**¥18,000,000**	

いくら米国株が長期的に上がるとしても、さすがに史上最高値を付けたタイミングで資産全部を投資してしまうのは明らかな間違いです。このような場合も、同じく時間の分散で投資をするべきです。長期投資であったとしても、時間の分散がいかに大切なのかを肝に銘じていただきたいと思います。

また老後に向けてポートフォリオをキャピタルゲイン志向から、インカムゲイン志向へ変えることも検討する必要があると思います。つまり株価の上昇を期待するのではなく、3か月ごとに支払われる配当金を多めに払ってくれる会社の保有率を高めて、配当金に対する依存度を高めていくという考えです。

ただ確かに全額を株式で保有し続けるのは怖いという人もいるでしょう。そうだとしたら、これまでサテライトの部分で保有していた個別銘柄やテーマ型のＥＴＦを売却し、それを債券や預金などのリスクフリー資産に切り替えるという手はあります。もちろんコア部分にあるＳ＆Ｐ５００のＥＴＦはそのまま保有し続けます。つまりリスク資産部分についてはマーケット連動型のインデックス運用のみにして、残りを債券や預金など元本の安全性が高い金融資産で運用するのです。

その場合、株式と安定資産の比率をどうするかという問題があります。これについては昔「１００歳－今の自分の年齢」が株式の比率と言われた時代がありました。たとえば50歳であれば「１００歳－50歳＝50％」が株式の投資比率ということです。

しかし今は長生きの時代ですから、もう少し１００歳の部分を長くしても良いと思います。私がアドバイスをする時は、１００歳ではなく１２０歳を使うようにしています。つまり50歳の場合は「１２０歳－50歳＝70％」が株式の投資比率になります。つまりコア部分のＳ＆Ｐ５００ＥＴＦへの投資比率を70％にして、残り30％は安定資産に振り分けるのです。

もちろんこれは1つの考え方であって、各人、自分に合った方法があると思います。なかには、やはり株式を保有し続けていきたいと考える人もいるはずです。

3銘柄で毎月配当ポートフォリオを作ってみる

昔、「毎月分配型」の投資信託が一世を風靡《ふうび》したことがありました。

仕組みを簡単に説明しますと、毎月分配型が人気を集めていた当時は、日本に比べて金利が高い外国債券を組み入れ、そこから得られる金利収入を中心にして毎月分配金を支払うというものでした。この投資信託を購入していた人のなかには高齢者が大勢いました。なぜなら毎月、分配金というお小遣いが得られるからです。公的年金だけでは生活が不安だと考えている人たちにとって、購入金額にもよりますが、毎月数万円の分配金が得られるのは非常に魅力的に映ったのだと思います。

しかし、今はこの手の投資信託を設計すること自体が困難です。なぜなら先進国を中心にして未曾有の金融緩和が行われて、金利がゼロ、ないしはマイナスという状況になっているからです。これだけ金利が低くなると、いくら外国債券を組み入れたとしても、分配金の原資になる金利収入が得られなくなります。

もう1つ申し上げると、毎月分配型ファンドは「たこ足分配」といって、純粋に組入債券から得られる金利収入を分配金にして投資家に支払うのではないのです。月々の分配金額を安定させるため、金利収入で足りない部分は元本の一部を取り崩して分配金に充てていました。この仕組みの不透明さが嫌われて、毎月分配型ファンドの人気はここ数年で凋落していきました。

でも、恐らくある程度年齢の高い人たちにとって、この手のニーズはまだあると思います。公的年金は、65歳以上の人たちにとって大切なキャッシュフローです。それにもかかわらず将来的に年金財政が厳しくなっていった時、年金支給額が減額される事態も十分に想定されます。そうなった時、一番困るのは公的年金だけを頼りに生活している人たちです。

もちろん、ある程度の蓄えを持っている人であったとしても、老後の資金繰りに対する不安心理はなかなかぬぐえるものではありません。ですから、毎月安定したキャッシュフローが得られる仕組みが欲しいと考える人が大勢いるのです。

実は米国株式を組み合わせることによって、同じようなスキームを生み出すことができます。と言うのも米国株式は年4回、配当を出すことになっているので、配当の月が異なる銘柄を3銘柄組み合わせれば、「4回×3銘柄＝12回」の配当金が出るというわけです。

これは実際に表を見ていただくのが一番分かりやすいと思います。ここに取り上げた一例は、アルトリア・グループ、AT&T、シェブロンという3銘柄の組み合わせです。配当支払いカレンダーに記した○の部分が、各銘柄の配当金支払い月になります。結果、1月はアルトリア・グループ、2月はAT&T、3月はシェブロンという順番で配当金が支払われ、その後も同じ

米国株で毎月配当金の支払いを受け取る組み合わせの提案 1

銘柄名	ティッカーコード	配当支払いカレンダー											
		1月	2月	3月	4月	5月	6月	7月	8月	9月	10月	11月	12月
アルトリア・グループ	MO	○			○			○			○		
AT&T	T		○			○			○			○	
シェブロン	CVX			○			○			○			○
		1月	2月	3月	4月	5月	6月	7月	8月	9月	10月	11月	12月
アルトリア+AT&T+シェブロン		MO	T	CVX	MO	T	CVX	MO	T	CVX	MO	T	CVX

銘柄名	ティッカー	業種	株価（米ドル）	株価（円）	配当金（米ドル）（過去12か月）	配当利回り	配当金5年ネット増加率
アルトリア・グループ	MO	タバコ	36.08	3,788	3.38	9.37%	9.73%
AT&T	T	通信	27.02	2,837	2.08	7.70%	2.04%
シェブロン	CVX	石油	69.5	7,298	5.16	7.42%	3.40%
平均配当利回り						**8.16%**	

銘柄名	2020年予想EPS	2021年予想EPS	2022年予想EPS	2020年予想PER（倍）	2021年予想PER（倍）	2022年予想PER（倍）	時価総額（億ドル）
アルトリア・グループ	$4.34	$4.59	$4.85	8.3	7.9	7.4	671
AT&T	$3.16	$3.21	$3.33	8.5	8.4	8.1	2,876
シェブロン	($0.59)	$2.57	$4.87	NA	27.0	14.3	1,338

出所:Bloombergより筆者作成

順番で毎月、配当金を受け取ることができるのです。

もちろん、だからといって配当利回りが低いのでは意味がありません。この3銘柄を選んだのは、米国株式の中でも比較的配当利回りが高いからです。アルトリア・グループの配当利回りが年9・37％、AT&Tが年7・7％、そしてシェブロンが年7・42％で、平均で8・16％（それぞれ2020年10月30日現在）の配当利回りが実現します。それぞれの5年間の配当成

米国株で毎月配当金の支払いを受け取る組み合わせの提案 2

銘柄名	ティッカーコード	配当支払いカレンダー											
		1月	2月	3月	4月	5月	6月	7月	8月	9月	10月	11月	12月
フィリップモリス・インターナショナル	PM	○			○			○			○		
ベライゾン・コミュニケーションズ	VZ		○			○			○			○	
サザンカンパニー	SO			○			○			○			○
		1月	2月	3月	4月	5月	6月	7月	8月	9月	10月	11月	12月
アルトリア+AT&T+サザンカンパニー		PM	VZ	SO	PM	VZ	SO	PM	VZ	SO	PM	VZ	SO

銘柄名	ティッカー	業種	株価（米ドル）	株価（円）	配当金（米ドル）（過去12か月）	配当利回り	配当金5年ネット増加率
フィリップモリス・インターナショナル	PM	タバコ	71.20	7,476	4.71	6.62%	3.22%
ベライゾン・コミュニケーションズ	VZ	通信	56.99	5,984	2.47	4.34%	2.22%
サザンカンパニー	SO	電力	57.45	6,032	2.52	4.39%	3.37%
平均配当利回り						**5.11%**	

銘柄名	2020年予想EPS	2021年予想EPS	2022年予想EPS	2020年予想PER（倍）	2021年予想PER（倍）	2022年予想PER（倍）	時価総額（億ドル）
フィリップモリス・インターナショナル	$5.13	$5.65	$6.13	13.9	12.6	11.6	1,106
ベライゾン・コミュニケーションズ	$4.83	$4.99	$5.13	11.8	11.4	11.1	2,358
サザンカンパニー	$3.18	$3.32	$3.55	18.1	17.3	16.2	607

出所:Bloombergより筆者作成

長率は9・73%、2・04%、3・4%となっています。

あるいはフィリップモリス・インターナショナル（配当利回り6・62%）、ベライゾン・コミュニケーションズ（4・34%）、サザンカンパニー（4・39%）という3銘柄のプランも提示してみました。こちらの3銘柄平均の配当利回りは年5・11%になります。それぞれの5年間の配当成長率は3・22%、2・22%、3・37%となっています。

それぞれ3銘柄の保有も

銘柄名	ティッカー	業種	株価（米ドル）	株価（円）	配当金（米ドル）（過去12か月）	配当利回り	配当金5年ネット増加率
3M	MMM	製造	159.96	16,796	5.85	3.66%	8.28%
JPモルガン	JPM	銀行	98.04	10,294	3.60	3.67%	16.47%

銘柄名	2020年予想EPS	2021年予想EPS	2022年予想EPS	2020年予想PER（倍）	2021年予想PER（倍）	2022年予想PER（倍）	時価総額（億ドル）	配当月
3M	$8.51	$9.35	$10.06	18.8	17.1	15.9	932	3.6.9.12
JPモルガン	$3.16	$3.21	$3.33	8.5	8.4	8.1	2,876	2.5.8.11

（出所：Bloombergより筆者作成）

よいのですが、分散の観点では6銘柄全部、さらに3M（配当利回り3・66%、5年間の配当成長率8・28%）、JPモルガン（配当利回り3・67%、5年間の配当成長率16・47%）などを追加するのも良いと思います。あなたがもし若く、配当金を使うという必要性がなければ、配当金を受け取った後、それらの銘柄に再投資をすることで将来のリターンを高めることができます。

米国株情報収集の方法

私はよほどのことがない限り、毎朝5時にはベッドから飛び出し、米国のCNBCという金融専門チャンネルを観るのを日課としています。このチャンネルの素晴らしいのは、株式市場でのニュースだけでなく、米国の著名な投資家やトレーダー、政府高官、FRB高官、企業のCEOなどが生出演することが多く、米国株投資を行ううえで大変参考になる番組です。

コロナ禍の最中、たとえば石油会社のシェブロンのCEOが出演し、「当面、配当金を払い続けることは可能だ」と言うと、株価が下がったとしても配当投資の観点ではシェブロンの株は安全と判断することができるわけです。当時シェブロンの配当利回りは7％を超えており、マーケットは減配の可能性を恐れていました。それを会社のトップが大丈夫だと言っているわけですから、安心してシェブロン株を買うという判断ができるのです。文字化されたニュースももちろん役に立つのですが、実際にCEOの発言を観て聴くことができれば、彼の顔つきや言葉の力の入れ方でその発言のニュアンスも分かるわけです。

もちろん、これはすべて英語の放送ですから、英語が分からないといけないのですが、画面にはいろいろな情報も映りますのでそれを見ているだけでも参考になります。皆さんにCNBCを観てくださいとは言いませんが、朝早起きされているのであれば一度ご覧になるのも良いかと思います。日本では日経CNBCという有料チャンネルを契約すれば（インターネットでも観ることが可能です）、夜間早朝は米国のCNBC放送の生中継を観ることができます。

ただ、これは私が皆さんに外国株の投資情報を提供するという仕事をしているから観ているので、もし私が純粋な長期投資の投資家であれば、ここまで日々ニュースのチェックはやっていないかもしれません。

もう1つのTV放送は、ブルームバーグという金融情報ベンダーも、経済専門TV放送を行っています。こちらは無料ですから観ない手はないです。

情報サイトということであれば、ＣＮＢＣやブルームバーグのホームページでも十分すぎる米株情報を見ることができます。勿論米国の世界でもっとも権威のある経済情報新聞紙である、ウォールストリートジャーナル、マーケットワッチドットコム、ヤフー米国版の株式情報サイトのヤフーファイナンスなども役に立ちます。

私は日課としてニューヨークタイムズを読んでいます。

またアップルウォッチを使っている読者の方は、Investing.comのアプリをダウンロードし、ポートフォリオに自分で個別銘柄を登録すると、ｉＰｈｏｎｅを開けなくとも、アップルウォッチの画面で登録銘柄の株価等の基本的な情報に加え、チャートも観ることができるので大変便利です。

もし、英語が分からないということであっても、Google Translateを使い、英語の原稿をコピペするだけで、日本語の翻訳してくれるのも助かると思います。

日経ＣＮＢＣ　https://www.nikkei-cnbc.co.jp/　**ブルームバーグ**　https://www.bloomberg.com/

ニューヨークタイムズ　www.nyt.com　**マーケットワッチドットコム**　www.marketwatch.com

ヤフーファイナンス　https://finance.yahoo.com/　**インベスティング**　https://www.investing.com/

ウォールストリートジャーナル　www.wsj.com

第6章

これから10年先まで持ち続けられる米国株21選

長期成長銘柄で資産を殖やそう

本書を通じて私が申し上げたいのは、より着実な資産形成を行うためには米国株式に長期投資するのがもっとも効率の良い方法だということです。

長期投資とは、株価の値動きに応じて売ったり買ったりを繰り返しません。ずっと保有し続けます。そうすれば売買にかかるコストを抑えられますし、売り買いのタイミングを間違えて悔しい思いをすることもありません。つまり疲れない投資法といっても良いでしょう。いつも「いくらで買えなかった、売れなかった」ということにばかり気を取られていたら、精神的にしんどくなり、長期にわたって株式投資と付き合っていくことができなくなります。なので、買ったら放っておくこと。時々、株価の値動きを見て大きく下げたら売るのではなく、むしろ余裕資金があったら買い増していくくらいのスタンスで臨むことをお勧めします。

さて、このように長期間保有できる銘柄については、どのような基準で考えれば良いのでしょうか。もちろん業績をチェックすることも必要だとは思います。それ以上に大事なことは、今後10年先も成長し続けるだろうと思われる成長ストーリーを、自分自身で思い描くことです。

たとえば今、私がもっとも関心を持っているのは、「テクノロジーの進化」です。いまだかつてないほどのスピードでテクノロジーが進化し続けており、この動きは10年、20年で止まることはないと考えています。つまりテクノロジーの進化を主軸にして10年先の世の中がどう変わるのかを考えることによって、これから10年先まで安心して持ち続けることのできる銘柄が見えてくるのです。

テクノロジーの進化のスピードがどんどん速くなっている点については、さまざまなテクノロジー機器の普及にかかった年数を比較すると一目瞭然です。たとえば電話が普及するのにかかった年数は35年、ラジオは25年、パソコンが15年、インターネットが7年と言われています。

通信の代表的なツールといえば電話です。昔、職場や家に置かれていた電話は、すべてコードが付いていました。それが携帯電話の登場によってコードレスが当たり前になり、使う場所も電話機の前ではなく、職場、自分の部屋、あるいは路上を歩いている時でも自由に通話できるようになりました。

インターネットの接続方式も、普及し始めの頃はダイヤルアップといって電話網を使い、電話交換機を経由したうえでネットワークに接続する方法が用いられていました。それがＷＩＦＩが登場したことによって、どこにいてもコードレスで自由にインターネットに接続できるようになりました。また、それとともにスマートフォンが登場したことにより、部屋にあるパソコンだけでなく、外出先でも自由にインターネットに接続できるようになりました。

さらに、通信速度が飛躍的に向上したことにも触れておく必要があるでしょう。4Gになったことによって、スマホの画面からアマゾンで買い物をしたり、さまざまなアプリケーションをダウンロードして使ったり、Uberイーツでレストランのメニューを宅配してもらったり、ネットフリックスやアマゾンプライムで映画を観たりすることができるようになりました。この事実は私も忘れがちなのですが、今やスマホで観るのが当たり前になったネットフリックスのようなストリーミングサービスは、つい最近までの3Gの時代では可能ではなかった事実をどのくらいの読者の人が覚えているでしょうか。

そしていよいよ5Gの時代を迎えようとしています。5Gになると、通信速度は4Gの最高100倍になると言われています。これが実現すると、ありとあらゆるものがリアルタイムで、インターネットにつながるようになり、より便利なIoT社会が到来します。

このように通信速度が飛躍的に速まることによって、テクノロジー企業が成長するのと同時に、さまざまなテクノロジーを活用して新しいサービスや製品を開発する企業も成長していきます。そして、その最先端にいるのが米国企業なのです。

これから2030年に向けて、テクノロジー関連の企業は大きく成長していくでしょう。なぜなら、私たちが日常生活のなかでさまざまなテクノロジーに接する時間が増えていくからです。たとえば電車に乗ると、今やほとんどの人がスマートフォンの画面を見ています。昔ですと持ち物で落としてもっとも困ったのは財布だったのではないでしょうか。それが最近ではスマホにとって代わってきています。私たちの日々の生活に必要な数多くのものがスマホに保管されています。家族、友人、仕事で必要な人たちの電話番号、メールアドレス、写真、好きな音楽など。また、今や疑問に思ったことの検索、食事に誘われ新しいレストランへ向かう時の行き方を調べるのはもとより、仕事関係の文章を書くなど、画面の大きささえ気にならなければ大抵のことはスマホで完結できるようになりました。もちろん本来財布の役目であった、支払いに関わるところもスマホで、また交通機関の運賃もスマホで行うことができます。大げさな言い方かもしれませんが、今の世の中はスマホなしでは生きていくことができません。スマホはこれからも大きく変化していき、私たちの生活を変え続けていくはずです。この大きな流れはもはや誰も止めることはできないでしょう。

昨今のコロナ禍で、ＺＯＯＭなどを活用したオンラインミーティングが一気に普及しました。たとえ地球の裏側にいる人だったとしても、テクノロジーを介してフェイス・トゥ・フェイスのコミュニケーションをとることができます。

恐らくあまり意識していないと思いますが、このように私たちの生活の隅々にまでテクノロジーが入り込むことによって、人々がテクノロジーに接する時間は着実に長くなっています。そして、テクノロジーの進化は既存のさまざまな業界にディスラプティブ（破壊的）な影響を及ぼし、あらゆる部分で業界地図を大きく変えてしまう可能性を秘めています。たとえばアマゾン・ドットコムは小売りの、Ａｉｒｂｎｂはホテル業界の、そしてＵｂｅｒやリフトはタクシー業界の常識を覆すのと同時に、各々の業界の秩序を大きく変えました。これからもさまざまな業界において、これらと同じことが起こっていくでしょう。そのなかで成長し続けられる銘柄を、以下に取り上げていきたいと思います。

ここで1つだけお断りをしておきたいのですが、私は読者の方がいつこの本をお読みになるかそのタイミングは分かりません。ひょっとすると紹介している銘柄が高値を更新している最中かもしれません。

皆さんがこの本を読んで、投資をしようと思った銘柄を買った日がベストのタイミングではないかもしれません。むしろその可能性が高いと思います。前述しましたが、時間の分散と銘柄の分散を意識していただきたいと思います。つまり、1回ですべて買ってしまわないことです。時間の分散で、何回かに分けて投資をしてください。そうすることで平均的な株価で保有することが可能です。

ここでご紹介する銘柄は必ずしも1か月後に上昇していないかもしれません。企業業績は、その時の経済の環境やもろもろの要因に影響を受けるからです。ただ、1つだけ分かっているのは、ここでご紹介している銘柄は長期的に成長する銘柄だと思っていることです。ですので長期的な視点でじっくりと投資をすることをお勧めします。また、ここに上げている銘柄については、マネックス証券のオンラインセミナー等でフォローをしていきますので、そちらのほうも参考にしていただければ幸いです。

株式投資はリスクを伴います。十分にリスクを勘案したうえで、ご自身の判断で投資するようにお願いいたします。いかなる結果に対して、著者・弊社ともに責任は負いかねます。あらかじめご了承ください。
ビジネス社編集部

アップル

【ティッカーコード：AAPL
上場市場：NASDAQ】

今やアップルを代表する製品といえば、世界中で15億台を販売してグローバルブランドになったiPhoneです。

アップルは研究開発に多額の資金を費やしています。その額は年間179億ドル。1ドル＝110円で日本円に換算すると、実に1兆9690億円にもなります。

アップルの魅力ですが、これは誰にも真似できないモート、城を守るお濠《ほり》に囲まれたビジネスを行っているということです。それはアップルが長年にわたり構築してきたエコシステムにあります。どういうエコシステムかというと、ハードウェアとソフトウェア、そしてサービスが上手につながって、アップル製品がより使いやすくなっていることです。

ハードウェアであるiPhoneから、自分が欲しいアプリをアップストアでダウンロードする。そしてiCloudを使うことによって、iPhoneで使っているデータ、写真などの類をiPadやMACなど、他のデバイスでも共有できます。さらにアップルウォッチがあるので、いちいちiPhoneを立ち上げなくても、自分の腕に巻いてあるアップルウォッチで誰から電話がかかってきたか、LINEが届いたかを確認できます。すべてがシームレスにつながり、加えて人工知能であるSiriが、その利便性を一段と高めています。

アップルの将来性は、iPhoneだけでなくiPadなどのデバイス、ソフトウェア、サービスの販売増に加え、アップルウォッチなどのウェアラブル端末の分野です。

数年後にはＡＲ（拡張現実）の技術を使ったウェアラブルも販売されるでしょう。

また新たなオポチュニティとしては、米国で非常に大きな市場規模を持つヘルスケア分野への参入や自動運転技術の開発があります。

今まではｉＰｈｏｎｅを主力製品として世界中で15億台を販売してグローバルブランドランキングで1位の地位を獲得したアップルですが、今後はウェアラブルやヘルスケア分野、そして自動運転といった新しい、かつ成長著しいビジネス領域に参入していくことによって、さらなる成長を遂げると思われます。

アップルの最大の価値は、前述したようにハードウェア、ソフトウェア、サービスのすべてを自前で開発している点にあります。間違いなく10年後も残っている会社であるでしょうし、私はアップルが私たちの生活を今後どのように変えていくかワクワクしており、そんな気持ちを持って株主でい続けたい代表的な米国企業の1つです。

アマゾン・ドットコム

ティッカーコード：AMZN
上場市場：NASDAQ

1994年にジェフ・ベゾスが書籍のオンライン販売からビジネスをスタートさせ、きわめてイノベーティブな発想で小売業界をディスラプトしてきた企業です。巨大な配送センター、物品輸送用に専用のボーイングの大型機を何十機も保有し、顧客が注文を出して2日間もあれば品物が届きます。また全米では翌日配送が可能になりました。同社の米国内の配送ネットワークは2020年にフェデラルエクスプレスの規模に達し、2年以内にはUPSと同じ規模になると言われています。国土の大きな米国で翌日配送を可能にするのは、かなりのインフラネットワークが必要です。また、「お客様ナンバーワン」という会社の哲学を反映して、これでもかと言わんばかりにチャレンジングなサービスを開発しています。

世の中の小売りはオンラインショッピング化が明確になりました。このトレンドに貢献したのにアマゾンの存在が大きいと思います。2000年第1四半期年末の米国小売り業界の売上高に占めるオンラインショッピングのシェアは0・8%足らずでしたが、直近は15%まで増えており、今後も加速度的に増え続けるのは確実です。

アマゾンというと、多くの人は「オンラインショッピングの雄」というイメージが強いと思います。年間366億ドルもの資金をR&Dにかけて、さまざまな技術、サービスを開発し、世に送り出し続けています。

たとえばアマゾンが開発したスマートスピーカー、「アマゾンエコー」は全米ナンバーワンのシェアを誇り、アマゾンプライムでは膨大な数の映画、ドラマ、さらにはアマゾンオリジナルの番組がそろっています。1作あたり4、5億円ものお金をかけていると言われています。日本のゴールデン枠の番組制作費は4000万円程度らしいのですが、アマゾンオリジナル番組は、その10倍の4億円もの制作費をかけて、優良なコンテンツを制作しています。それをアマゾンのグローバルのプラットフォームでアマゾンプライムのメンバー向けに提供しているのです。配送についても未来を見据えて、ドローンや自動運転配達用のビークルの開発に余念がありません。

さらにAWS（アマゾン・ウェブ・サービス）という世界最大のクラウドビジネスがあり、大きな利益を生み出しています。世界中で展開されているオンラインショッピングはまだほとんど利益が出ていないものの、これはシェアを取りに行っているからで、その部分をAWSの利益で補完しています。

オンラインショッピングで世界を変えたアマゾンは、これから実店舗での買い物も大きく変えようとしています。「アマゾン・ゴー」というコンビニエンスストアは、スマホにアプリをダウンロードし、QRコードをゲートにかざすと入店でき、あとは欲しいものを持って店を出れば、決済まですむというレジレスコンビニです。これを全米展開する予定です。

日本でも同じサービスが展開されるのは時間の問題でしょう。ここまでサービスを展開されると、もはやアマゾンに対抗できるオンラインショッピングは皆無と言わざるをえません。

テスラ

ティッカーコード：TSLA
上場市場：NASDAQ

ご存じ、EV（電気自動車）のメーカーです。2030年には50％がEVになると言われており、同社CEOのイーロン・マスクは今後10年間で年間40％から50％の売上増が可能と公言しています。テスラの強みはアップルと同じく、ハードウェア、ソフトウェア、サービスの3つを自前で持つエコシステムにあります。ハードウェアは自動車ですが、テスラは自動車の上にコンピュータが載っているようなものです。そのコンピュータのソフトウェアは現在4G回線でつながっており、常にアップデートされています。車載モニターは地図表示だけでなく、バッテリー残量と照合して、テスラがサービスとして設置している最寄りの高速充電所を案内してくれます。ちなみにテスラは全米971か所に高速充電所を設けています。モニターには、すでにネットフリックスのアプリがダウンロードされていますが、これは近い将来実現化されるであろう自動運転の際の車内エンターテイメントを意識してのことです。

テスラの凄さはこのソフトウェアなのです。将来的には自動運転を可能にするのですが、すでに運転データをクラウドに送り、機械学習やAIによって運転手の運転パターンの分析が行われています。テスラはテスラ車のオーナーのために自動車保険を販売しているのですが、その運転データによって保険料の最適化が図られます。事実、既存の自動車保険からテスラの自動車保険に切り替えたら、保険料が半分になったという話もあります。テスラの凄さは、今まで集めて分析した運転のビッグデータにもあると言われています。これによりテスラは同業他社の4年先を行っていると言われています。コンサルティング会社であるマッキンゼーによると、グローバルな運転データの価値は今後10年間で49兆円から80兆円の規模になるそうです。

自動運転の将来像としては、ロボタクシーの実用化が考えられます。すでにテスラはそのコンセプトを発表しました。米国人でも自分で自動車を運転する時間は1日平均2時間程度だそうです。つまり1日のうち22時間は車庫で眠っているわけで、これを有効活用する方法として、ロボタクシーがあります。テスラの自動車を購入して、自分が乗らない時はロボタクシーとして働かせるのです。イーロン・マスクは年間3万ドルくらい稼げるだろうと言っています。

将来的には、やるかやらないかは別として、たとえば私がテスラ車を10台保有し自動運転タクシー会社を経営することが可能となります。タクシーの大きなコストの2つは、人件費とガソリン代です。自動運転が可能となったEV車はこの2つを解決してくれます。

その他、ソーラーエネルギー事業も今後の注目株です。現在は売上の5%程度ですが、将来的には売上の半分くらいまで増やす方針です。ソーラーパネルで作られた電気を蓄電器に貯めておき、自動車のバッテリーに充電すれば、テスラ車のランニングコストはほぼゼロになるわけですが、テスラはクリーンエネルギー事業の拡大を計画しています。

さまざまな可能性を秘めているテスラですが、自動運転機能とロボタクシーだけで5000億ドルの価値があると言われています。今のテスラの時価総額が4200億ドルですから、それだけでもテスラの価値は倍になるだけのパワーを秘めているといっても良いでしょう。

ロウズ

「ティッカーコード：LOW
上場市場：NYSE」

米国を代表するホームセンターを展開している会社で、同業他社にはダウ工業株指数に採用されているホームデポがあります。

米国の住宅価格は、1970年からの推移を見ると、長期にわたって高値を更新してきました。もちろん、途中ではリーマンショックなどによる急落も経験していますが、その落ち込みを埋めて過去最高値を更新し続けています。逆に日本の不動産価格は、1989年のバブル期にかけて急騰していますが、その後はバブル崩壊で大きく下げ、横ばいで推移しています。

米国の住宅事情を日本と比較すると、世帯数は2倍、広さは2・6倍、建ててから40年以上経過している住宅数は3倍もあり、中古住宅の流通量は20倍にも達しています。その結果、ホームセンター市場の規模が日本の10倍にもなります。

この非常に大きなマーケットを二分している企業が、ここで紹介しているロウズであり、同業他社のホームデポです。現状、ロウズはマーケットシェアが小さく、これからホームデポにキャッチアップしていくとすれば、まだまだ成長余力があると考えられます。

米国では「ホームインプルーブメント」という言葉があります。家の価値を高めるという意味です。米国は住宅価格が長期的に上昇しているため、お金をかけて自分が住んでいる住宅のコンディションを整えておけば、株式投資と同じように価値が上がるものと考えられています。だからこそ、ロウズのようなホームセンターへの需要がひっきりなしなのです。

ロウズは北米に２２００以上の店舗を構えるほか、カナダやメキシコ、オーストラリアにも展開しています。北米では１週間で１８００人のお客さんが来店し、22万人の従業員が働いています。体育館のような巨大な建物のなかに、３５００種類の商品が所狭しと並べられており、10万点以上の商品の注文が可能です。

この会社は、デジタル化の流れにやや遅れを取っていました。しかし、２年前にマービン・エリソンＣＥＯが就任したことを機に、デジタルテクノロジーを積極的に導入し、業務の効率化を進めています。これにより、もう一方の雄であるホームデポとのギャップも徐々に埋まってきました。

そもそも市場規模が非常に大きいことに加え、デジタル投資で業務効率化が進んでいるため、長期的に見た企業の成長余地は十分に期待できそうです。

ヴァージン・ギャラクティック・ホールディングス

【ティッカーコード：SPCE
上場市場：NYSE】

これから宇宙ビジネスが盛んになるのと同時に、「宇宙」が投資のテーマになると考えられます。あのイーロン・マスクもスペースXという宇宙開発企業を創業し、民間で初めて国際宇宙ステーションへの有人飛行を成功させました。ヴァージン・ギャラクティック・ホールディングスもその1つで、こちらは商業用宇宙旅行の会社です。

会社名でもお分かりかと思いますが、ヴァージン・アトランティック航空のリチャード・ブランソンが創業者です。宇宙船の設計・製造から宇宙旅行の企画・実施まで行っている垂直統合型の会社で、2019年10月28日にニューヨーク証券取引所に株式を上場しました。

「宇宙旅行なんて夢の話」と思っている人は、考え方を改めましょう。2020年はコロナ禍の影響で延期になっていますが、実は今年後半には最初の宇宙旅行が実現する予定でした。恐らく2021年中にも実用化される可能性が高いと思われます。

しかも一定の条件を満たせば、誰でも宇宙に行けます。その条件とは1000万ドル以上の資産を持っていること。つまりお金持ちが対象です。2018年時点で、それだけの資産を持っている人が世界に178万人いるそうです。そして2023年には237万人に増えると見られています。宇宙ビジネスのマーケットは今後、拡大基調にあるということです。

では、どうやって宇宙に行くのか、ですが、米国のニューメキシコ州南部に「Truth or

Consequences」という人口６０００人程度の小さな街があります。そこから64キロほど離れたところにある「スペースポート・アメリカ」という空港が、宇宙旅行の出発地になります。

飛行時間は90分。旅費は25万ドルと高額ですが、現時点で世界50か国以上の国から６００人以上の申込があり、少なくとも３６００人が興味を持っているそうです。会社の発表では潜在的な顧客数は２００万人といいます。スペースポート・アメリカで３日間のトレーニングとテストを受け、それに合格した人が宇宙旅行のパスポートを受け取れます。搭乗する機体はスペースシャトルのようなもので、乗員２名に乗客最大６名になります。宇宙船は現在２機で、２０２３年には５機に増やす予定です。

成長戦略は３つのフェイズに分かれています。フェイズ１が現在進行中で、宇宙旅行を軌道に乗せてビジネススケールの拡大を目指します。フェイズ２は海外展開で、宇宙飛行場を海外にも造ります。現在、イタリアとＵＡＥが候補地になっています。そしてフェイズ３は地球上のビジネスとしてマッハ３で飛べる飛行機を開発して運航させます。実現すれば東京、ロスアンジェルス間が２時間半。同社の成長の価値は、フェイズ３の地球におけるスーパーソニックの航空機の開発だとも言われています。

とても夢のある長期投資の銘柄ですが、それだけにハイリスク・ハイリターン投資でもあることに留意してください。

プールコーポレーション

【ティッカーコード：POOL
上場市場：NASDAQ】

1995年にS&P500に1万ドル投資すると8万2743ドルになります。この会社に投資したら約3ミリオンドル。つまり3000000ドルです。100万円が3億円です。

1981年に創業。日本にはない米国的なニッチな会社であり、ある意味地道な事業を行っているのですが、実はそういった会社の中には素晴らしい成長を遂げている会社があります。米国の家庭には1000万以上のプールがあります。18歳から29歳までの17%がプールを持っています。30~49歳だと16%、そして50歳から64歳が13%ですから、年齢が若い人ほどプールを持っているということです。

プールを持っていると、メンテナンスが必要になります。プールに水を貯めておくだけだと不衛生なので、しっかり消毒する必要がありますし、落ち葉などが入っていると汚いので、それも掃除しなければなりません。こうしたメンテナンスのコストが年間5000ドルから6000ドルと言われています。1ドル＝106円で計算すると、5000ドルで53万円です。毎年、それだけのメンテナンスコストを負担できるのは、ある程度、裕福な人たちになります。

ご存じのように米国は人口が増え続けています。そのため、特に戸建て住宅が不足しており、年間150万戸くらいを新しく建てなければなりません。そのくらい住宅需要が旺盛なのです。空き家が増えて社会問題化しつつある日本とは大違いです。なかでも米国の南部は気候が温暖で人口が増えやすい環境にあるので、プールの需要も非常に大きくなります。ちなみに、勘違いしてしまう方が多いのですが、プールコーポレーションはプールそのものを造っているのではなく、プールができた後のメンテナンスに必要な製品を扱う会社なのです。売上の80％が北米で、プール関連商品以外にアウトドアキッチン、ゴルフ場の水はけをするための製品も扱っています。将来ビジョンとしては、世界的なアウトドアライフスタイルの製品を流通させたいと考えています

ニッチではありますが、プールのマーケットは着実に伸びていますし、今後も伸びていくだろうと考えられる材料があるのに加え、この会社は積極的にM＆Aを行うことによって、成長しています。従業員は4000人で、12万社もの取引先を持っています。ネット販売も行っていて、20万種類の製品を扱っているので、「プール製品のデパート」などと呼ばれています。

将来的な成長戦略としては、長期的な目標として売上は年6～8％成長、粗利率は10％、毎年1・5億ドル～2億ドルくらいのアグレッシブな自社株買いを行っており、EPSは10％台の半ばを狙っています。GAFAとは対極にあるような地味な業界ではありますが、そのなかにも珠玉の銘柄があるところに、米国株式市場の奥深さがあるのです。

ジュミア・テクノロジーズ

【ティッカーコード：JMIA
上場市場：NYSE】

この会社への投資は非常にリスクが高い。その一方で、私自身は物凄いポテンシャルを秘めた企業だと思っています。ジュミア・テクノロジーズは、ニューヨーク証券取引所に上場している、ナイジェリアやエジプト、南アフリカといったアフリカ大陸でeコマース事業を行っている最大手の会社で、2019年にIPOをしました。

フランスのル・モンド紙は「新しいアフリカのアマゾン」、米国のCNNが「アフリカのアリババ」と呼んでいる会社です。先進国の米国で始まったあのアマゾン・ドットコムでさえ、今では信じられませんが、当初はリスクの高い会社だったのです。創設者のジェフ・ベゾスは、アマゾンを起業するにあたり自分の親から資金を借りましたが、失敗する確率は7割だと伝えたそうです。

アフリカという新興国でeコマース事業を行っている会社であればなおさらのことだと思います。ですから、もし投資家になって、株価の乱高下が我慢できないという人には向いていないと思います。その一方で、この会社は我慢強い投資家にとっては「テンバガー」（株価が10倍になる銘柄）になる可能性を潜めていると思っています。

アフリカ大陸の人口は13億人。インターネットユーザーは5・23億人、消費額が4兆ドルあり、2025年までに世界人口の5分の1がアフリカに住むと見られています。2023年までアフリカの労働人口は中国、インドの両国をも超えると言われています。

そして2025年までに、アフリカの人たちの45％が都会に住むようになると見られています。これは古今東西同じような傾向があるのですが、都市化が進む過程で、その地域に住む人たちの所得が向上します。

現在ジュミアのオンライン上で販売されている商品の数は4000万点以上、11万以上の売り手の商品を扱っています。2019年のGMV（流通取引総額）は1200億円、2700万件の取引がありました。直近の同社の顧客数は680万人、前年比で40％増えていますが、アフリカの人口を考えるとのびしろは限りなく大きいと思ってます。取引の36％がジュミアペイと呼ばれる独自のペイメントシステムが使われているそうです。

同社は現在アフリカ大陸のGDPの7割を占める11か国で営業しています。こうしたアフリカ経済の長期的な成長ストーリーを信じられるのであれば、非常に魅力的な投資対象といえるでしょう。

ジローグループ

ティッカーコード：Z
上場市場：NASDAQ

オンライン不動産データベースを運営している会社で、2006年に創業しました。不動産業界にとってはきわめてディスラプティブな存在といっても良いでしょう。

現在、大半のモノがワンクリックで買えるようになりました。アマゾン・ドットコムはまさにその典型で、ありとあらゆるものがインターネットを介して簡単に手に入る時代です。でも、本当に数は少ないのですが、インターネットときわめて親和性の低い分野があります。それは不動産です。株式はワンクリックで買えても、不動産をワンクリックで買えるサービスを提供している企業は皆無といっても良いでしょう。

なぜかというと、自宅を購入するまでのプロセスが極めて煩雑だからです。米国では中古住宅が非常にたくさん流通していますが、これを購入するためには物件を事前に調査する必要がありますし、物件のエリアや周辺環境もチェックしなければなりません。

またキャッシュで購入できるなら問題はありませんが、大半の人は住宅ローンを組んで購入するので、住宅ローン会社から融資を受けられるかどうかを審査しなければなりませんし、それらすべてをクリアしたうえで契約を締結することになります。これだけ煩雑なプロセスをワンクリックで済ませる方法は、少なくともこれまではありませんでした。

だからこそ、ジローグループのサービスが注目されるのです。彼らが考えている「ジロー2・

0」の世界では、実際にインターネット上に掲載している物件の売買や賃貸、住宅ローンおよびそれらに付随するサービスが可能になりました。インターネットとテクノロジーを駆使することによって、これら一連の業務を、ジローグループ1社でシームレスに行えるサービスを提供するというのです。お客様の側から見れば、時間やお金だけでなくストレスも減るため、結果的に不動産の取引の頻度も増えていくのではないかと考えられています。

米国における不動産取引の市場規模は年間1・2兆ドルと言われています。米国の世帯数は1億2850万世帯で日本に対して約2倍なのですが、年間の中古住宅流通戸数は534万戸で、日本の20倍もあります。

ジローのサイトには昨年80億件の訪問がありました。今年第2四半期の月間平均ユーザーは2億1800万人、閲覧された物件件数が25億件。住宅の情報数は1億1000万となっています。非常に利用者が多いわけで、今後、ジローは不動産の買い手となり、自宅を売りたいというお客様に対して、迅速かつ低コストで目的を達成できる「ジロー・オファーズ」という仕組みを提供し始めました。

アルファベット

ティッカーコード：GOOGL
上場市場：NASDAQ

アルファベットという企業名はなじみがない人も多いと思いますが、ティッカーコードを見れば大体、察しがつくと思います。世界最大の検索エンジンであるグーグルを運営している会社です。直近の米国でのマーケットシェアは88%、世界の市場の92%を占めています。毎日35億件の検索が、グーグルを通じて行われています。

グーグルの収益構造は、売上の85%が検索連動型広告からもたらされています。これまで広告といえばテレビや新聞、雑誌、ラジオなどのオールドメディアを通じて流されるものが中心でしたが、今ではユーチューブをはじめとする動画サイト、検索サイト、その他のSNSなどのデジタル媒体に主軸が移ってきています。米国のデジタル広告市場のうち7割が、グーグル、フェイスブックとアマゾンの3社で占められています。

グーグルの強みはスマートフォンの世界でアンドロイドというオペレーティングシステムを持っており、アンドロイドは世界のスマートフォン市場の75%のシェアがあります。つまりアンドロイドを実装しているスマートフォンの検索エンジンは、グーグルがデフォルトになっていますから、必然的にグーグルが世界中で使われることになります。世界どこにいてもネットがつながっていれば利用できるグーグルのサービスです。しかも新興国における収益には伸びしろがあり、グーグルは世界経済の成長の恩恵を受けると思っています。

アルファベットはユーチューブを持っていて、そこでも広告収入を得る仕組みになっていて、さらにユーチューブ・プレミアムというサブスクリプションモデルを始めていて、そこからの収益が得られています。

２０１５年に組織再編成してアルファベットを親会社とし、その下にグーグル部門と「アザーベッツ」と称される部門が設けられています。そして、グーグル部門から得られる広告収入を中心とした潤沢なキャッシュフローを用いて、アザーベッツに投資をしています。ベッツは「賭け」の意味ですから、リスクはあるけれども将来性が高いと思われるビジネスに投資しているわけです。ここがアルファベットの将来の成長を担う糧になるわけです。

アザーベッツの売上はアルファベット全体の１％に過ぎず、現時点では赤字ですが、長期的にブレイクするポテンシャルを持った事業としては、光ファイバー敷設事業のグーグルファイバー、第５世代自動運転システムのウェイモ、アンチエイジング研究のカリコ、デリバリーサービスのデリビーなどがあります。

もともとグーグルは検索エンジンの会社でした。でも今はＡＩの会社であることを標榜しており、ＡＩ関連のベンチャー、アーリーステージに積極的に投資しています。同社は年間Ｒ＆Ｄに２７７億ドルを使っていて、これがアルファベットの将来的な成長を支えていくでしょう。

ライブネーション・エンターテインメント

【ティッカーコード：LYV
上場市場：NYSE】

チケットマスター・ドットコム、ライブネーション・コンサーツ、アーティストネーション・マネジメント、ライブネーション・メディア/スポンサーシップという4社で構成されている、世界最大手のライブ・エンターテインメント会社です。カリフォルニア州ビバリーヒルズに本拠があり、ライブネーション・ジャパンという日本拠点も設立されています。

メインの事業は世界のライブコンサートの主催です。4社の社名で察しがつくと思いますが、コンサートの企画、マーケティング、チケットの販売、タレントのマネジメントを一手に行うバリューチェーンを構築しています。このバリューチェーンが、他社の参入を困難にしている、高い参入障壁になっています。

この会社が1年間に主催しているコンサートなどのエンタテインメントの回数は4万回以上です。米国人1人あたりがエンタテインメントに費やす支出額は、2010年が2504ドルでした。それが2019年には3050ドルに増えており、エンタテインメントに費やす支出は今後も増えていくと考えられます。

2020年は新型コロナウイルスのパンデミックが生じたせいで、世界中でイベントが中止になりました。それによって業績はマイナスの影響を受けましたが、リアルイベントが開催できなくなった分を、ストリーミングで代替しました。このストリーミングでイベントを視聴した人の数は、2020年4〜6月の3か月間で7000万人でした。ストリーミングなので、世界中の人々がライブネーション主催のイベントを視聴したことになります。

また音楽ファンのうち9割は、コロナ禍が収まれば再びライブでコンサートを行う時代が到来すると考えています。実際、ライブネーションからチケットを購入した人の86％は、今回のコロナ禍で延期が決定したイベントのチケットの払い戻しをせず、2021年以降に再開された時に使いたいというスタンスです。現在、2021年以降に予定されているイベントが発表されていて、すでに4000以上のイベントが予定され、1900万人以上の人がチケットを購入しています。

冒頭で触れたように、日本をはじめとして海外にも進出しており、売上全体に占める海外の比率は3割です。

また最近の新しい試みとしては、「ライブ・フロム・ザ・ドライブ・イン・コンサート・シリーズ」といって、広大な敷地にコンサート会場をつくり、観客は自家用車でそこに行って、車に乗ったままコンサートが観られるというのを、全米で展開し始めました。

経済が成長する過程で、人々のレジャーに対する関心度は高まるはずです。そんなトレンドの恩恵を受ける銘柄だと思っています。

エヌビディア

ティッカーコード：ＮＶＤＡ
上場市場：ＮＡＳＤＡＱ

ソフトバンクが保有する英国の半導体設計大手アームを買収するというニュースで有名になったエヌビディアです。１９９３年に設立されたハイパフォーマンスのＧＰＵメーカーです。ＧＰＵとはグラフィック・プロセッシング・ユニットの略称で、画像処理用の半導体のことです。たとえば競走用ゲームであるとか、暗号資産のマイニングなどに用いられています。また、人のがんの早期発見、天気予報、自動運転を可能にする原動力であるディープラーニング（深層学習）、ＡＩ用の半導体をつくっています。

デジタル・ゲーミングの世界的なマーケット規模は１０５億ドルという巨大マーケットですが、彼らのＧＰＵ製品は「GeForce」として、ノートブックパソコンやバーチャルリアリティのプロセッサーなどにも使われています。

エヌビディアは、クリエーターがより快適に開発、またゲーマーがプレーを楽しむための評価が高い製品を世の中に送り出し非常に高い評価を得ていることで知られています。

彼らの技術はドローンにも採用されていて、２０１５年にはＵｂｅｒとパートナーシップも組んでいて、自動運転の分野で協力しています。

さらにエヌビディアのＧＰＵは、アマゾン・ドットコムやアルファベット、アリババといった世界的なテクノロジー企業のデータセンターでも使われています。

同社のGPUは、ゲーミングや自動運転の分野に止まらず、工業用ロボットやコネクティッド・ヘルスケアの分野に用いられるデバイスの中にも実装され、AIの音声認識分野でも必要なパーツとなっています。

エヌビディアは私たちの生活がAIの恩恵を受ける技術を可能とし、進化させる半導体メーカーとして、これからも成長が期待されます。

チューイ

ティッカーコード：CHWY
上場市場：NYSE

ペット関連のeコマース事業です。世界的に今、ペットを飼うことがトレンドになっています。米国ペット製品協会が2018年に行ったアンケート調査によると、犬のオーナーの90%、ネコのオーナーの86%が、「ペットは自分たち家族の一員だと思う」と答えていました。

さらに2019年の調査によると、69%のペットのオーナーは「今までよりもより多くのお金をペットのために使っている」と答えており、さらに50%のペットのオーナーは、「ペットが健康になるためにもっとお金を使ってもいいと思っている」と回答しました。

ペット関連市場の市場規模は、2017年は730億ドルでしたが、2019年には950億ドルになり、年率平均で5・4%成長になっています。

この調査によると、2024年に向けて年率換算で5・1%成長していく市場であることも見えています。特にペットフード、ペット向けのおやつに関した市場は、年間5・5%成長していきますので、非常に魅力的な成長市場であると考えられます。

ペット市場の特徴は、景気後退の影響を受けにくいところにあります。ペットは家族の一員と思っているオーナーが大半ですから、景気が悪いからといってペットに費やすお金を急に減らしたりはしません。

たとえばリーマンショックの時の2008年から2010年の間、全体的な消費支出は大幅に減りましたが、そのなかでもペット関連の支出は12％増えているのです。

２０１９年の売上は48億ドル、顧客数は１５００万人、従業員数が1万７０００人で、ペットに関連するありとあらゆるものをネットで販売しています。ペット用品といえはチューイと大半の米国人が思うくらいのブランド力も確立されています。ウェブサイトやモバイルアプリで6万種類のペット関連商品を扱っています。

近年はインターネットでペット用品を購入する人が増えてきました。２０１５年は全体の7％がインターネット経由でペット商品を購入していましたが、２０１９年にはこの数字が22％まで増えました。これはモノ全般に言えることですが、インターネットでモノを買うのが主流になっていて、同じことがペット用品にも当てはまったわけです。この傾向は今後もしばらく続く可能性が高く、ペット関連のｅコマース市場はまだまだ成長が続くと思われます。

これは一般的な傾向ですが、その国の中流層が増えると、ペットを飼う人が増えます。お金に余裕が生じるからでしょう。将来的に新興国の所得水準が上がっていけば、ペットを飼う人がさらに増えて、グローバルに成長する可能性があります。

テラドック・ヘルス

ティッカーコード：TDOC
上場市場：NASDAQ

米国のバイオテクノロジー企業で、糖尿病やうつ病など慢性疾患を抱えている患者を対象にして、インターネットを使って遠隔でモニターできるデバイスをつくるなど、デジタル医療管理サービスを提供しています。２０２０年８月にテラドックがリヴォンゴ・ヘルスを買収し、同社が存続会社になりました。

新型コロナウイルスのパンデミックにより、医師が患者と直接、接したことから、医師までもが感染してしまうケースが増えました。そこで注目されているのが、遠隔地医療サービスです。普通、病気になったら病院に行きます。ただ米国の場合、ヘルスケアのシステムが非常に高額であるのをご存じの方も多いかと思います。そのため病院に行きたくても行けない人、あるいは医療費を払えない人が大勢います。そういう人に対しても直接病院に行って診療を受けるのに近い医療サービスを、バーチャル・ケアとして包括的に提供しているグローバルな会社です。

この会社が行ったアンケート調査によると、バーチャル・ケアに対して関心を持っている人は、新型コロナウイルスが問題化する前は11％だったのが、問題が深刻になってからは実に76％の人が関心を示すようになりました。また米国の大企業の８割が、将来的にバーチャル・ケアになるだろうと考えています。

現在、米国人の10人に１人が糖尿病と言われています。加えて８８００万人が糖尿病予備軍という数字もあります。これだけの人々が一斉に病院通いをするようになったら、医師不足に陥る恐れがあります。

あるいはメンタルヘルスに問題を抱えている人は5人に1人で、実に9650万人が何らかの治療を必要としているのです。それなのに、この9650万人が住んでいる地域にはメンタルヘルスの専門医がいないという状況になっており、だからこそバーチャル・ケアで医師の診療を受けることができるシステムは非常に理に適っているのです。現状、糖尿病やメンタルヘルスのほか、かぜのような軽い症状からガン、心不全など重い病気に至るまでカバーしています。

さらに患者の健康状態をすべてデータベースに吸い上げ、AIによる機械学習で分析しています。これによって、どういうパターンで病気になるので注意しましょうといったアドバイスを、個々人に対して行えるようになり、未然に病気を防げる可能性が高まります。現在、17か国にオフィスがあり、175か国の患者に対して40の言語で対応しています。2025年までにM&Aのシナジー効果で5億ドルの売上増が期待されています。

テクノロジーを活用し、ヘルスケア業界をディスラプティブしていく企業ということです。

ナイキ

ティッカーコード：NKE
上場市場：NYSE

誰もがご存じの、大手スポーツ用品メーカーです。バスケットボールやランニング、サッカーなどさまざまなスポーツに関連したスポーツウェア、スポーツシューズ、各種スポーツ用品を製造しています。

中国で今、もっとも人気のあるスポーツはバスケットボールで、実に3億人以上のバスケットボールファンがおり、中国のソーシャルメディアでもっともフォローされているスポーツリーグが、米国のNBAなのです。そういうこともあり、中国人にとってナイキは憧れのブランドといっても良いでしょう。

売上の40%が北米で、25%が欧州、中東、アフリカ地域、20%が大中国圏で、アジア・太平洋地域とラテンアメリカが15%です。

ナイキの注目点は販売方法の見直しにあります。これまではホールセール販売に頼っていました。たとえば靴屋さんやスポーツグッズ専門店、デパートなどを経由した販売で、これが今も全体の売上の7割を占めています。

今、ナイキが新たに取り組んでいるのは、「デジタルセール」と称しているダイレクトマーケティングで、これを現在の3割から5割に引き上げるという試みです。

ホールセールの場合、お店の判断でナイキ製品の置き場所を決められてしまいます。ナイキとしては「ここにこの製品を置いてもらいたい」という意向があったとしても、その通りにお店が置いてくれるわけではありません。あくまでも置き場所はお店の都合で決まります。それを自分たちで決めるためにデジタルセールに力を入れているのです。これによってお店に払っていた手数料がなくなるため、利益率が向上するという効果も期待できます。

そして、それを行う過程でテクノロジーが登場します。「ナイキフィット」というアプリを開発し、コンピュータビジョンとデータサイエンス、AI、推奨アルゴリズムなどの技術によって、スマホにナイキフィットをダウンロードして自分の足を撮影すれば、13のデータポイントがアプリを通じてデータ分析され、その人の足に合う靴が推奨されます。お店に行かなくても自分の足に合ったシューズを買えるのです。

2020年6月に「コンシューマ・ダイレクト・アクセレレーション」というプログラムを発表し、ダイレクトマーケティングをより強化することを宣言しました。

さらに2020年7月にはリストラ計画を発表し、デジタルファーストの組織改革を進める方針も打ち出しています。

興味深いのは2020年1月に就任した同社のCEOは、ナイキに入社する前は企業向けITソフトウエアメーカーのサービスナウや世界的オークション会社のイーベイの社長兼CEOを歴任した人物だということです。ナイキが世界的に人気のあるスポーツ関連シューズ、ウエアをつくるという事実は何も変わらないのですが、会社はIT技術を駆使し成長していくのだと思います。

シンタス

ティッカーコード：CTAS
上場市場：NASDAQ

かなり地味な業界です。会社のロゴ入りユニフォームや制服を製造、レンタル、販売している会社です。そのほかにビルのマットレスや洗面所の消耗品、清掃用モップのレンタルサービス、書類の管理サービス、応急処置や防火サービスなども展開しています。

過去8年にわたって、米国のフォーチュン誌が発表している「もっとも称賛される企業ランキング」にランクインしていることでも知られています。

取引先の7割がヘルスケアやレストラン・フードで、残り3割が製造業です。取引先の件数は100万社。米国には企業が全部で1600万社くらいあるので、取引していない先がたくさんあります。したがって顧客の開拓余地が非常にあり、その点で成長余地もあると考えられます。

1998年の年末から2020年9月までのS&P500の上昇率は127%ですが、シンタスの株価は806%も上昇しています。地味な業界ではありますが、決してバカにできないパフォーマンスを上げているのです。

強みは、同じビジネスを手掛けている会社がほとんどゼロに近いということです。シンタスの設立は1968年なので、かれこれ52年の歴史を持っているのですが、この間、地道に取引先を広げ、売上を伸ばしてきました。それが株価にも反映されています。自社株買いも精力的に行っていますし、成長し続けるために同業他社の買収も積極的に行っています。

過去51年間のうち49年間は売上とＥＰＳを伸ばしてきました。そして36年間連続で増配も行っています。地味だし、テクノロジー企業とはまったく無縁のような、アナログなビジネスではありますが、侮れない会社です。

ただし、唯一の弱点は景気に左右されるということです。業務内容全般が企業向けのサービスになるので、景気が悪化すると業績の伸びが懸念されて株式が売られやすくなります。株価は景気に左右されやすいのですが、逆にリセッションに入りそうな時は、株価が下げるので絶好の買い場と考えられます。

正直、ビジネスの内容としては参入障壁がかなり低いのが現実です。ほかにも同じビジネスモデルを展開している会社は、大小合わせて結構あります。ただ、前述したように同業他社の買収を積極的に行うことで企業規模は大きくなってきたため、振り返ってみたらどの会社もシンタスのような経営規模に達しておらず、今ではこのマーケットではシンタスが一強という状況になっているのです。

コカ・コーラ

ティッカーコード：KO
上場市場：NYSE

知らない人はいないほどの超有名企業です。コカの葉とコーラの実を原材料にした清涼飲料水を開発、販売したことが社名の由来で、創業は1886年5月。ドクター・ジョン・ペンバートン氏によってつくられました。あの大投資家、ウォーレン・バフェット氏も1日に5本はコカ・コーラを飲むそうです。同時に彼はコカ・コーラの大株主でもあります。

コロナ禍でコカ・コーラの売上も大きく落ち込みました。理由はコンサートなどのイベントがなくなったからです。イベント会場に行けばコカ・コーラをはじめとする飲料が売られていますが、イベントがなくなってしまい、飲料の売れ行きにも大きな影響を及ぼしたのです。

コカ・コーラは世界200か国以上で飲まれています。これだけ広範な国・地域に商品を配送するため、世界最大の配送ネットワークを構築しています。ここまで大きな企業になると成熟段階に入っていき、安定した経営になっていくものですが、コカ・コーラの場合、まだまだ成長余地があると考えています。

コカ・コーラ社の長期的な投資のテーマは新興国です。先進国は世界の人口の2割、10億人しかいません。コカ・コーラはコールド・ベバレッジ（冷たい飲み物）のジャンルにおいて、先進国では20％のシェアを持っています。これはナンバーワンなのですが、世界の8割の人口、つまり61億人を占めている新興国におけるシェアは10％しかありません。なぜかというと、新興国にはローカルなドリンクが結構あります。安いから、地元の人たちは多少味が悪くても買うわけです。もし彼らの所得が今後、徐々に上昇すればコカ・コーラが飲めるようになります。しかもコカ・コーラは世界的なブランドであり、新興国の人たちにとっても憧れの面があります。

　また、コカ・コーラは現状、データ分析をビジネスに上手に活用し切れていない面があり、最近のCEOのメッセージには、「データ」や「分析」という言葉を頻繁に用いるようになってきました。現在、コカ・コーラは世界で400のブランドを持っているのに、半分以上の製品が売上全体の2%しか寄与していません。

　ちなみに2018年には700のブランドがあり、それを400まで整理したわけですが、まだ整理する余地があるということです。まさに今は、コカ・コーラのポートフォリオの最適化を行っている最中なのです。加えてeコマースにも力を入れており、無駄の削減に取り組んでいます。ここから生まれる収益によって、会社の成長余地はまだ大きいと考えられます。過去5年の年間増配率は4・99%。ポートフォリオの一部に入れておく長期保有銘柄だと思います。「配当貴族インデックス」の1つです。

AT&T

ティッカーコード：T
上場市場：NYSE

一言でいうと日本のNTTとスカイパーフェクTVをくっつけたような会社です。配当重視の投資家には素晴らしい銘柄です。配当利回りが7%もあります。

携帯通信事業を中心にして衛星テレビ事業を展開し、それ以外にワーナーメディアやCNNの親会社でもあります。コカ・コーラと同じように長年にわたって増配を続けている企業を構成銘柄にしている「配当貴族インデックス」の1つです。

コロナ禍でスポーツイベントが無くなったため、ケーブルテレビの広告収入が入らず、映画も撮影ができずに公開が遅れる作品が続出したため、その部分では減収となりましたが、携帯通信事業は比較的安定して推移しました。これからは5Gのビジネスが本格化してくるので、通信速度が高速になり料金を高く取れるようになりますし、料金が上がる分、高速ネットワークでHBOマックスというAT&Tの映画チャンネルのストリーミングを抱き合わせで販売することも検討されています。

昨年10月末にアクティビストのエリオットマネジメントと和解したのですが、その理由は、AT&TがディレクTVとタイムワーナーの大型買収を行ったものの、その経営がなかなか軌道に乗らないこと、そして買収に際しての借金で負債比率が増えていることをエリオット側が指摘したのです。最終的にはこれ以上の大規模な買収はしないこと、今の事業の利益率を高めていくことをＡＴ＆Ｔが飲んで和解にいたりました。

そこで始まったのが、ＨＢＯマックスという映画チャンネルのストリーミングサービスです。今、３６００万人のユーザーがいて、年間の会費が１８０ドルですから、年間の売上は50億ドルになります。ちなみにＡＴ＆Ｔの年間売上が１７００億ドルなので、その３％がＨＢＯマックスの売上になります。それに加えて、これから3年をかけて60億ドルのコストカットも行います。

また冒頭で触れた配当金ですが、これはフリーキャッシュで支払うことが可能です。配当が高いので、これもポートフォリオの一部として保有しておくと良いでしょう。

SVBファイナンシャル・グループ

【ティッカーコード：SIVB
上場市場：NASDAQ】

SVBとは「シリコンバレーバンク」の意味。つまりシリコンバレーにある銀行です。従業員は3984人、資産が600億ドル、290億ドルの現金を持っています。

一般的に銀行株はバリュー株に属しています。ほぼすべての銀行株がそうなのですが、SVBファイナンシャル・グループはグロース株と見なされています。バリュー株は割安株、グロース株は成長株のことです。非常に珍しい立ち位置なのですが、グロース株ということもあって配当金を出していません。利益をさらなる成長につなげるために投資へと回しているからです。

会社のスローガンは、「我々はイノベーターのための銀行である」ということです。1983年に設立され、5年後にNASDAQに上場されました。シリコンバレーにある、シリコンバレーのための銀行です。

1990年末からのパフォーマンスを比較すると、SVBファイナンシャルGの株価はNASDAQ指数を大きくアウトパフォーマンスしています。シリコンバレーに特化しているので、一般的な銀行のお客は相手にしていません。1980年代に大きく成長した時は、シスコシステムズのような高成長企業に融資を行っていました。また68％のお客は、フォーブス誌が選ぶ「次のビリオンダラースタートアップ」に載っています。

またIPOする際にベンチャー企業がそのバックアップを行うケースがあるのですが、

2019年にIPOした企業の69％が、SVBフィナンシャルGと取引があるという事実もあります。シリコンバレーの成功とともに大きくなってきた銀行です。

取引先はテクノロジー、ライフサイエンス、プライベートエクイティといったところが中心で、会社の戦略としてはテクノロジーとライフサイエンスのベンチャー企業と、それらが立ち上がった本当の初期段階から関係を持つことによって、彼らが成長していく過程のなかで必要とされるさまざまなサービスを提供し、最終的に大きくなったらイグジットするわけです。

また成長戦略の一環として、2019年にヘルスケア業界に強いリーリンクパートナーズという投資銀行を買収しました。これによってさらに顧客ベースを広げています。

強みは、大手銀行ではできないような、スタートアップ企業のニーズを把握していることにあります。また面白いところでは、SVBワインという「プレミアム・ワイン・バンキング部門」があり、ワイナリーを持っている人を対象にした融資業務なども手がけています。

シリコンバレーに代表される米国のベンチャー精神の成長に賭けるのであれば、大変興味深い投資対象だと思います。

ドキュサイン

ティッカーコード：DOCU
上場市場：NASDAQ

IT、ソフトウェア企業です。変な社名のようにも見えますが、ドキュサインとは「ドキュメント・サイン」の略称です。つまり電子署名の会社です。

日本の文化の1つといえるハンコですが、日本政府は2020年になり民間企業が行う契約についてハンコは不要という方針を展開し始めました。

ハンコのない米国であっても、今までビジネスで契約書を交わすためには、お客に電話をかけてアポを入れて、ミーティングをセットアップし、直接面談の場に行って挨拶をし、お茶を飲んで契約書にサインし、遠距離だったらフェデラルエクスプレスで契約書を送り、また送り返すという面倒なプロセスがあったわけです。ところが今の世の中はドキュサインのサービスを使えば、契約書をメールで送り、それにマウスで簡単に署名して、それを再び送付先に送り返せば終わりです。5分で済みます。私自身も使ったことがあるのですが、非常にシンプルで使いやすかった印象があります。

こうした電子署名の技術に加え、契約書のオートメーション化を、クラウドを活用して行っています。すでに時価総額は3兆7000億円くらいになっているので、ベンチャー企業というには規模が大きいのですが、ここが米国の株式市場の奥深さでもあります。

特にこの1年は、コロナの影響で電子証明に対する需要が一気に高まり、それが株価にも反映されたと考えられます。電子証明の市場規模は現在、２５０億ドルくらいと言われています。昨年のドキュサインの売上は９・７億ドルですから、市場規模からすればまだ４％程度しかありません。

彼らはすでに信頼されたブランドを持っています。それに加えて、今度はクラウド契約書にも手を広げようとしています。この市場規模も２５０億ドル程度と言われています。この２つのマーケットで成長している企業なのです。コロナ禍で売上を増やした企業ではありますが、電子署名とクラウド契約書によって事務作業は大幅に削減できるはずです。コストと時間の節約につながるわけで、恐らくこの傾向はコロナ禍が一段落した後も続いていくでしょう。つまり長期的な成長が期待できるということです。

スクエア

ティッカーコード：SQ
上場市場：NYSE

米国でフリーマーケットに行くと、「ビザ、マスターのクレジットカード決済を受け付けます」という張り紙がされている時があります。もともとフリーマーケットといえば現金決済が大半でした。

そもそもクレジットカードは少額資金の決済には向いていません。フリーマーケットのような、やりとりされる金額が少額の場合、クレジットカード決済のシステムを入れたりすれば、たちどころにコスト割れしてしまうでしょう。そもそも野外で、それもさまざまな場所で開かれるフリーマーケットに、クレジットカードの決済システムを持ち込むことは無理です。

それが現実だったものの、最近のフリーマーケットではクレジットカード決済ができるようになってきたのです。日本の週末のフリーマーケットでも同じです。それは、スクエアのカードリーダー技術を採用し始めたからです。

スクエアとは「平方形」のことです。その名のとおり、四角形の小型カードリーダーがあって、これをスマートフォンやタブレットにつなげておけば、お店はどこに行ったとしても、モバイル状態でクレジットカードを使った支払いができるようになるのです。つまりクレジットカード会社とお店の間をつなぐ仲介役がスクエアなのです。

1取引につき2・75％のフィーがスクエアの収益になります。スクエアの売上の85％は、こういった取引の手数料になります。また、スターバックスが彼らの売上の10%を占めており、残りの5%がソフトウェアやデバイスの販売によるものです。大きなお店であればクレジットカードのシステムを導入できますが、個人事業主のような小規模店になると、やはりクレジットカードは敷居が高くなります。そういうお店などを中心にして、クレジットカード決済をしやすくしたのが、スクエアなのです。実際、米国では年間売上が12万5000ドル以下のお客様が全体の6割を占めています。

ただ、最近は徐々に売上が増え始めています。それは、大きなお店もスクエアの端末を使うようになり始めているからです。現状、売上の大半は少額の資金決済から得られる手数料ですが、徐々に他のビジネスが育ち始めており、その利用価値に気付いた大きなお店もスクエアを利用するようになりました。

それは給与の支払いや仕事のスケジュール、在庫などの管理サービスや利用代金の入金を即日にするサービス、お店向けのデビットカードも出して、お店の人が仕入れなどでお金を払う際のサービスなどです。さらに2021年からはスモールビジネスローンの提供も始める予定など、サービスの拡充に努めています。

このキャッシュレスの流れは始まったばかりです。スクエアはこの長期的な成長の恩恵を受ける銘柄の1つだと思います。

ロイヤルティ・ファーマ

ティッカーコード：RPRX
上場市場：NASDAQ

バイオ医薬品業界のイノベーションに資金提供を行う企業です。具体的には、学術機関や病院の研究所、その他の非営利団体が研究して得たバイオ医薬品の特許を買い取り、それを大手製薬会社などに販売してロイヤルティ収入を得ます。言うなれば特許に投資する投資会社ということになります。

ロイヤルティ・ファーマは1996年に設立されてから、180億ドル相当の資金を使い、バイオ医療品の特許を手にしています。そのポートフォリオの中身はといいますと、希少疾病、神経、HIV、心臓病、糖尿病など多岐の分野の特許となっています。

同社は現在10億ドル以上の市場売り上げ規模が見込める7つのブロックバスターの治療法を含む、22の治療法を保有しているということです。

売却して得たロイヤルティ収入は他の特許に再投資していきます。上場したばかりですが、2020年9月から配当金を支払い始めました。豊富なキャッシュフローがあるのでできることです。

ロイヤルティ・ファーマのような企業がバイオ業界に資金の供給をすることで、私たちが必要とする新薬の開発が行われるわけです。そういった意味ではロイヤルティ・ファーマの人類の対する貢献度は高いと言ってよいのではないかと思います。

おわりに

言うまでもありませんが、私たちの人生においてお金はとても大切です。経済的な余裕があるに越したことはありません。

しかし、一生涯で私たちが働いて稼げるお金の額には、やはり限度があります。

その一方、私たちの寿命は着実に延びてきており、資産形成においても「預貯金」中心ではなく、積極的にお金を増やす「投資」をすることが、とても重要になってきています。

この本を通じて、私は日本株投資ではなく、資産の一部を米国株で投資をすることをお勧めしてきました。本書を読んでくださった読者の方にはお分かりいただいていると思いますが、私は米国株に投資するからといって、決して日本を諦めろと言っているのではありません。純粋に株式投資という、資産を増やすためのアクションを起こすにあたり、より高いリターンが得られる可能性の高い市場に投資しましょうと言っているだけなのです。

お金をより増やせる可能性の高い市場に投資することでお金を大きく増やし、そのお金を日本国内で日本のために使えば良いと思っています。

私は今までであれば、まとまった時間に余裕があると、行ったことがない新たな国を訪れ、より世界を知ろうとしてきたのですが、2020年以降はコロナ禍により海外に行くことができませんでした。代わりに日本国内の地方を回る機会を得ました。

私の生まれ故郷である宮崎の田舎もそうですが、日本の地方には世界に誇れる素晴らしい場所がたくさんあります。

それにもかかわらず、地方の主要都市は至るところがシャッター商店街と化しており、地方の過疎化の深刻さを改めて考えさせられました。大切なお金の一部を日本株よりも高いリターンが期待される米国株に投資し、増やしたお金をそういった地方に還元することは、日本のためになることと思っています。

これは世界の成長を日本の地方に取り込む戦略です。これまで日本株のリターンをはるかに上回ってきた米国株ですが、その道のりは決して平坦なものではありませんでした。これからも米国株は一本調子で上がることはなく、景気後退などをきっかけとする短期的な株価の下落は、必ず起こるはずです。それは当たり前のことだからです。

本書をお読みになって、ご自分でも米国株は長期的な投資対象として相応しいと共感され、辛抱強く米国株の投資を行うのであれば、長期的に日本株を超えるリターンを享受できるはずです。もし、そう思われるのであれば、次に必要なのはアクションだけです。

お忙しい中、この本について貴重な推薦文をいただきました藤巻健史さんにお礼を申し上げます。この本を出版するにあたって内田まさみさん、鈴木雅光さん、米国ループベンチャーズのGene Munsterさん、ビジネス社の唐津隆社長、マネックス証券の多くの仲間たちにお世話になりました。この場で感謝申し上げます。

また、現在マネックス証券にて、日本の個人投資家の皆さんに米国株の長期投資を勧めるという責任のあるミッションのきっかけをつくってくれた松本大会長、清明祐子社長にもお礼を申し上げたいと思います。

そして、長年にわたって金融業界で働くにあたってソロモンブラザーズ証券時代に私の新人時代から辛抱強くご指導してくださった小嶋歳晴元CEO、坂本俊英さん、杉本裕司さん、ヘンリー渡部さん、吉岡良明さん、椿紅子さん、大畑泰彦さん、日興シティグループ証券時代にお世話になりました水嶋浩雅さん、佐野順一郎さん、對間久文さん、林太郎さん、そして長い人生の恩人である一石敬子さん、占部雅一さんにもこの場を借りて深い感謝の気持ちを申し上げます。

2020年11月

岡元　兵八郎

（著者プロフィール）

岡元 兵八郎（おかもと・へいはちろう）

マネックス証券 チーフ・外国株コンサルタント兼マネックス・ユニバーシティ シニアフェロー

1963年宮崎県生まれ。1987年上智大学を卒業後、ソロモン・ブラザーズ・アジア証券（現シティグループ証券）入社、東京、ニューヨーク本社勤務を含め26年間同社にて一貫して機関投資家相手の外国株式の営業、外国株式関連商品業務に携わる。2000年より2013年まで日興ソロモンスミスバーニー証券（現シティグループ証券）にて外国エクィティ部マネージング・ディレクターとして機関投資家向けの外国株式セールス、セールストレーディング部門を統括、54か国の株式市場の執行業務を行う。

2013年末より、SMBC日興証券株式会社で、個人投資家向けに米国株式投資情報の調査、発信を行う。2019年10月からはマネックス証券にて、個人投資家向けに米国株を中心とした外国株投資情報の提供、長期投資の啓蒙活動を行う。世界各国の運用会社、証券会社、取引所の経営陣との親交も厚い。訪問した国の数は80か国を超える。金融関係雑誌の執筆、テレビ等メディアのレギュラー出演多数。

著書に『日本人が知らない海外投資の儲け方』（ダイヤモンド社）がある。

著者ツイッター @heihachiro888

好評連載！『岡元兵八郎の米国株マスターへの道』

https://media.monex.co.jp/category/okamoto

資産を増やす米国株投資入門

2020年12月15日　第1刷発行

2021年6月1日　第5刷発行

著　者　岡元 兵八郎

発行者　唐津 隆

発行所　株式会社ビジネス社

〒162-0805　東京都新宿区矢来町114番地 神楽坂高橋ビル5F

電話　03（5227）1602　FAX　03（5227）1603

http://www.business-sha.co.jp

〈編集協力〉鈴木雅光

〈装丁〉中村聡

〈本文組版〉エムアンドケイ　茂呂田剛

〈印刷・製本〉三松堂株式会社

〈編集担当〉本田朋子　〈営業担当〉山口健志

ISBN978-4-8284-2241-1